사자성어폰의 비밀

중학년을 위한 한뼘 도서관 21
사자성어폰의 비밀

1판 1쇄 발행 | 2011. 2. 18.
1판 3쇄 발행 | 2018. 5. 18.

장지혜 글 | 이민혜 그림

발행처 김영사 | **발행인** 고세규
등록번호 제 406-2003-036호 | **등록일자** 1979. 5. 17.
주소 경기도 파주시 문발로 197(우10881)
전화 마케팅부 031-955-3100 | 편집부 031-955-3113~20 | 팩스 031-955-3111

ⓒ 장지혜
이 책의 저작권은 저자에게 있습니다. 저자와 출판사의 허락 없이 내용의 일부를
인용하거나 발췌하는 것을 금합니다.

값은 표지에 있습니다.
ISBN 978-89-349-4559-8 73810

좋은 독자가 좋은 책을 만듭니다. 김영사는 독자 여러분의 의견에 항상 귀 기울이고 있습니다.
독자의견전화 031-955-3139 | 전자우편 book@gimmyoung.com
홈페이지 www.gimmyoungjr.com | 어린이들의 책놀이터 cafe.naver.com/gimmyoungjr

---

어린이제품 안전특별법에 의한 표시사항

제품명 도서   제조년월일 2018년 5월 18일   제조사명 김영사   주소 10881 경기도 파주시 문발로 197
전화번호 031-955-3100   제조국명 대한민국   ⚠주의 책 모서리에 찍히거나 책장에 베이지 않게 조심하세요.

사자성어를 외쳐 볼까요?

　한 아이가 어느 날, 길에서 휴대 전화를 하나 주웠어요. 요즘 유행하는 스마트폰이 아니라 아주 낡고 오래돼 보이는 구닥다리 전화기를 말이에요. 그냥 버리고 돌아서려 하는데 '딩동' 하고 사자성어로 된 문자가 도착하지 뭐예요. 사자성어 문자가 실제로 이루어지는 짜릿한 이야기는 바로 이렇게 시작되었어요.

　저는 여러분이 이왕이면 재미있게 공부를 했으면 좋겠어요. 이 책을 통해 어려운 사자성어를 쉽게 익히면서 동화 읽는 재미까지 느끼게 된다면 그야말로 동시에 두 가지 이익을 얻게 되는 일석이조一石二鳥가 아닐까요?

　오호, 나도 모르게 사자성어를 썼네요! 여러분도 이 책을 읽고 나면 자연스럽게 사자성어를 쓰게 될 거예요. 예를 들면 힘들고 지칠 때마다 '호연지기浩然之氣!' 하고 크게 외쳐

　보는 거예요. 그러면 잔뜩 움츠러들었던 마음도 기지개를 펴듯이 활짝 펴질 거예요. '호연지기'는 지극히 크고 굳세며 곧은 마음이라는 뜻을 담고 있거든요. 참, 그렇다고 엄마한테 휴대 전화를 사달라고 조를 필요는 없어요. 힘과 용기를 주는 사자성어는 꼭 휴대 전화 문자로 보내지 않아도 되거든요. 쪽지나 편지로 주고받는 것도 좋고 이왕이면 친구와 서로 얼굴을 보면서 말하는 것이 훨씬 더 재미있을 거예요.

　이쯤에서 슬슬 사자성어 문자가 어디서 오는 건지 궁금해진다고요? 그렇다면 지금부터 책장을 한번 넘겨 볼까요? 사자성어 문자 속에서 튀어나온 용과 봉황새 등이 여러분을 기다리고 있을 테니까요.

장지혜

차례

소원을 들어주는
사자성어폰_9

용과 봉황에게 혼난
절대막강파_39

태수 형에게
사자성어폰을 빼앗기다_60

이상해진 사람들과
난장판이 된 시장_74

사자성어폰의 비밀 _104

모든 것은 반드시
　　　바른길로 돌아간다 _135

사자성어 문자를 보냈던
　그들은 누구였을까? _162

소원을 들어주는 사자성어폰

　민이는 날마다 상상한다. 자기가 먼저 돌려차기 한 방으로 태수 형을 쓰러뜨린 다음, 손이 발이 되도록 싹싹 빌게 하는 그 순간을! 제 앞에 무릎 꿇고 있는 형의 처절한 모습을 상상하자 민이는 저절로 웃음이 나왔다.
　"야! 미니, 미니, 초미니!"
　대문을 나서자마자 태수 형 목소리가 들렸다.
　"태, 태수 형, 안녕……."
　"미니, 아침부터 말은 왜 더듬어?"
　태수 형의 얼굴은 너무나도 말짱했다. 바로 이런 경우에

일장춘몽一場春夢이란 표현을 쓰는 걸까? 한 일一, 마당 장場, 봄 춘春, 꿈 몽夢. 그러니까 한바탕 봄날의 꿈 같은 생각 말이다.

"야! 초미니, 돈 있어?"

태수 형이 어깨를 툭 치며 말했다.

"없는데……."

"진짜 없어?"

태수 형이 눈을 치켜뜨며 물었다. 노랗게 염색한 앞머리에 가자미처럼 쭉 째진 눈. 언제 봐도 기분 나쁜 얼굴이다. 민이는 하는 수 없이 지갑을 꺼냈다. 지갑 속에는 아침에 엄마한테 받은 천 원짜리 두 장이 들어 있었다.

"너희 엄마한테 이르면 가만 안 둬! 알았어?"

태수 형이 돈을 빼앗으면서 무섭게 윽박질렀다. 민이는 앞장서서 걸어가는 태수 형을 향해 주먹을 불끈 쥐었다.

"내 이름은 초미니가 아니라 최민이란 말이야."

갑자기 태수 형이 뒤를 돌아보았다. 민이가 중얼거리는 소리를 들은 걸까? 민이는 화들짝 놀라 주먹 쥔 손을 내려

놓았다. 민이는 태수 형 앞에서 말까지 더듬는 자신이 바보처럼 느껴졌다. 하지만 이 동네에서 절대막강파 대장인 강태수란 이름을 듣고도 떨지 않는 아이는 아마 한 명도 없을 거다.

 한 달 전, 태수 형이 민이네 집 지하 방으로 이사 왔을 때, 엄마는 겨우내 비어 있던 방이 나가서 앓던 이가 빠진 기분

 이라고 좋아했다. 하지만 민이는 대문에 들어서는 태수 형과 마주친 순간, 심장이 멎는 것 같았다.
 '왜, 왜, 왜, 하필 우리 집이냐고!'
 민이는 화가 나서 돌멩이를 힘껏 걷어찼다. 돌멩이는 휙 날아가더니 전봇대를 딱 때리고 떨어졌다. 그 순간 민이는 저 전봇대가 태수 형이라면 좋겠다고 생각했다. 그런데 전봇대 밑에 잔뜩 쌓인 쓰레기봉투 사이로 무언가 삐죽 튀어나온 게 보였다.

민이는 가까이 다가가 가늘고 길쭉하게 생긴 것을 잡아당겼다. 그러자 검고 큼지막한 뭔가가 딸려 나왔다. 자세히 보니 휴대 전화처럼 보였다.

네모난 화면 아래에는 번호를 누르는 버튼이 단추처럼 달려 있었다. 전원 버튼을 누르자 반짝 하고 화면이 켜졌다. 민이는 시험 삼아 엄마에게 전화를 걸어 보았다. 하지만 고장이 났는지 연결이 되지 않았다.

"에이, 짜증 나!"

민이는 휴대 전화를 있던 자리에 다시 던지고 돌아섰다. 바로 그 때 딩동 하는 소리가 들렸다.

"무슨 소리지?"

민이는 고개를 갸웃거리며 몸을 돌렸다. 휴대전화기 화면에 편지 봉투 모양의 그림이 깜박이고 있었다.

'어라, 전화는 안 되는데 문자는 오네. 이게 그럼 휴대 전화인가?'

확인 버튼을 누르자 문자가 나타났다.

 소원을 보내세요. 말하는 대로 이루어지는 사자성어를 보내 드립니다.

민이는 피식 웃음이 나왔다. 누가 장난으로 보낸 문자 같았다. 그런데 소원이란 말에 문득 떠오르는 얼굴이 있었다. 두말할 필요도 없이 바로 태수 형의 얼굴이었다.

'자나 깨나, 앉으나 서나, 내 소원은 딱 하나! 절대막강파대장 강태수의 코를 납작하게 해 주는 것! 속는 셈 치고 답장이나 한번 보내 볼까?'

민이는 빠른 속도로 버튼을 꾹꾹 눌렀다.

 우리 학교 5학년 4반 강태수를 혼내 주세요!

'딩동' 하는 소리와 함께 문자가 전송됐다. 민이는 답장을 기다리면서 휴대 전화를 요리조리 살펴보았다. 하지만 이것저것 버튼을 다 눌러 봐도 게임도 안 되고 심지어 사진 찍는 기능조차도 없었다.

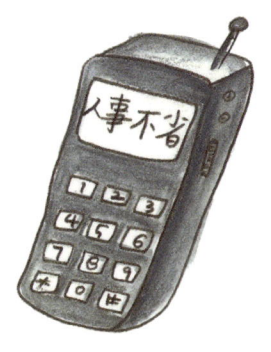

그때 다시 딩동 하고 문자 오는 소리가 들렸다.

✉ 人事不省

정말 답장이 왔다. 그것도 사람 인人, 일 사事,

아닐 불不, 살필 성省, 이렇게 네 글자로 된 사자성어가! 다행히 모두 민이가 알고 있는 음과 훈이었다.

'인사불성이면 해롱해롱 정신을 못 차린다는 뜻이잖아! 이걸로 어떻게 태수 형을 혼내 준다는 거지?'

그야말로 동문서답東問西答. 진짜 터무니없는 대답이었다. 민이도 질세라 사자성어로 답장을 보냈다. 한자로 문자를 써 본 적이 없어서 그냥 우리말로 '동. 문. 서. 답'이라고 말이다.

'어차피 누군가 버린 거니까 가져가도 되겠지?'

민이는 주위를 둘러보고는 휴대 전화를 주머니 안에 넣었다. 휴대 전화가 커서 주머니가 불룩하게 튀어나왔다. 학교에 도착할 때까지 더 이상 문자는 오지 않았.

민이 자리는 언제나 맨 앞이다. 다른 아이들은 짝을 바꾸면서 뒤로 옮겨가기도 하는데 민이는 1학년 때부터 한 번도 그런 적이 없다. 반에서 키도 제일 작을 뿐더러 눈까지 나쁘기 때문이다. 엄마는 민이가 아기였을 때 변비가 심해서 키가 제때 자라지 못한 거라고 했다. 시력이 나빠진 이유도 어릴 때부터 아빠한테 천자문을 배워서 그렇다나? 눈이 나쁜 건 그렇다 치고 키가 작은 게 하필이면 똥을 못 싸서라니! 그래서 난쟁이 똥자루라는 말이 생긴 건가? 민이는 한숨을 푹 쉬며 자리에 앉았다.

"최민, 너 아직도 전화기 못 찾았어?"

우리 반에서 두 번째로 키가 작은, 짝꿍 진영이가 물었다.

"응."

"그거 얼마 전에 산 건데 진짜 속상하겠다."

진영이의 말에 며칠 전에 잃어버린 휴대 전화가 또 생각났다. 게임이랑 텔레비전까지 다 되는 거였는데 덜렁거리다가 어딘가 흘린 모양이었다.

집에서 학교 가는 길까지 샅샅이 찾아보았지만 벌써 누가 주워 갔는지 보이지 않았다. 엄마는 휴대 전화 번호를 정지시키고는 민이한테 다시는 휴대 전화를 안 사 준다고 엄포를 놓았다.

"이진영, 나 오늘 아침에 휴대 전화 하나 주웠다."

"진짜? 어디서?"

"누가 버렸나 봐. 길거리에서 주웠는데 진짜 후져, 게임도 안 돼."

"야! 그렇다고 남의 걸 갖고 오면 어떡해?"

진영이가 목소리를 높였다. 그러자 선생님이 얼굴을 찌푸리며 진영이와 민이가 있는 쪽을 쳐다보았다. 민이는 얼른 공책을 펼쳐 들었다. 진영이도 입을 삐죽 내밀며 칠판에 적힌 아침 자습 문제를 받아 적기 시작했다.

"휴대 전화 가져온 사람! 진동으로 해 두고 수업 시간에는 받지 마세요. 알았죠?"

선생님 말이 끝나기가 무섭게 민이는 휴대 전화를 꺼내 그새 답장이 왔는지 확인해 보았다. 아직까지 답장이 없는 걸 보니 누가 장난 문자를 보낸 게 틀림없었다.

"이거야? 네가 주웠다는 게? 꼭 무전기같네."

진영이가 옆에서 또 참견했다.

"조용히 해. 선생님이 자꾸 쳐다보시잖아!"

"진짜 옛날 건가 보다. 나 이따가 보여 줘."

민이는 할 수 없이 고개를 끄덕이며 가방 안에 휴대 전화를 넣었다. 교실은 아침 자습을 하느라고 쥐 죽은 듯 조용했다.

바로 그때, 운동장 쪽에서 요란한 사이렌 소리가 들려왔다. 아이들이 목을 길게 빼고 창밖을 내다보았다. 책상에서 무언가 쓰고 있던 선생님도 벌떡 일어나 바깥을 살폈다. 아이들이 웅성거리는 소리에 선생님이 책상을 탁탁 치며 말했다.

"문제 다 푼 사람은 갖고 나오세요!"

아이들이 마지못해 고개를 숙이고 다시 문제를 풀기 시작했다.

"너 봤어?"

진영이가 작은 소리로 물었다.

"아니."

"소방차가 온 건지 구급차가 온 건지 소리만 들어서는 진짜 모르겠다. 그렇지?"

진영이는 궁금해 죽겠다는 표정이었다.

"소방차는 아닐 거야. 만약 불이 난 거라면 비상 대피 벨이라도 울렸을 텐데. 타는 냄새도 안 났잖아."

민이의 말에 진영이는 코를 킁킁거리며 말했다.

"참, 그렇지? 그럼 누가 다친 건가?"

아침 자습이 끝나고 쉬는 시간이 되자 아이들이 복도로 우르르 몰려나갔다. 민이는 진영이가 없는 틈을 타서 휴대 전화를 꺼내 등굣길에 받은 문자를 다시 한 번 들여다보았다. 화면에 '인사불성人事不省'이란 한자가 또렷하게 찍혀 있었다.

'쳇! 대체 누가 이런 유치한 장난을 치는 거야?'

문자를 막 지우려고 하는데 복도에서 와글와글 떠드는 소리가 들려왔다.

"정말 구급차가 왔대?"

"그렇다니까. 5학년 강태수 형이 갑자기 쓰러졌대."

"강태수? 절대막강파 대장 말이야?"

민이는 가슴이 쿵 내려앉았다. 자리에서 벌떡 일어나 교

실 문을 열고 복도로 와다닥 뛰쳐나갔다. 아이들은 우르르 창문에 매달린 채 운동장을 내려다보고 있었다. 그 틈에 발뒤꿈치를 들고 끼여 있는 진영이가 보였다.

"정말로 태수 형이 쓰러졌어?"

민이는 진영이를 붙잡고 물었다.

"응, 구급차가 와서 그 오빠를 싣고 병원으로 갔대."

그 순간, 눈앞이 캄캄해지고 사방이 빙글빙글 도는 것 같았다.

"인사불성……. 이, 이럴 수가! 그렇다면 그 문자가 진짜라는 거야?"

민이가 넋이 빠진 표정으로 중얼거리자 진영이가 눈을 동그랗게 뜨고 물었다.

"그게 무슨 말이야?"

"아, 아무것도 아니야."

"참, 최민! 아침에 주운 전화기 좀 구경하자."

"아, 안 돼."

민이가 쭈뼛거리며 말까지 더듬자 진영이가 이상하다는

듯 물었다.

"왜? 아까는 보여 준다며? 우리 엄마한테 전화 한 통만 하자. 응?"

진영이한테는 아직 휴대 전화가 없었다. 아무리 졸라도 엄마가 안 사준다면서 만날 민이 휴대 전화를 빌려 썼다.

"어? 내가 해 보니까 안 되더라고. 고장 난 건가 봐."

민이는 휴대 전화를 뒤로 감추며 말했다. 진영이가 혹시라도 아까 보낸 소원 문자를 볼까 봐 식은땀이 다 날 지경이었다.

"구경만 하는 것도 안 돼? 치, 구닥다리 전화기 가지고 진짜 치사하게 구네."

진영이는 팩 토라져서 교실로 들어가 버렸다. 진영이가 들어가자마자 민이는 창문에 매달려 운동장을 내려다보았다. 운동장 한 귀퉁이에 삼삼오오三三五五 모여 있는 절대 막강파 형들의 모습이 보였다.

그중에는 태수 형 옆에 껌 딱지처럼 붙어 다니는 깐죽이 형도 있었다. 곰처럼 덩치가 큰 태수 형에 비해 깐죽이 형

사자성어폰의 비밀

은 작은 키에 빼빼 마른 모습이었다. 생김새는 달라도 누가 유유상종類類相從 아니랄까 봐 하는 짓은 태수 형이랑 다를 바 없었다. 만날 힘없고 약한 애들만 골라서 돈을 빼앗고 깐죽거리는 짓 말이다.

아이들은 모두 멀쩡하던 태수 형이 갑자기 쓰러진 게 믿을 수 없다는 표정이었다. 그런데 깐죽이 형이 민이가 서 있는 창문 쪽을 힐끔 올려다보는 게 아닌가! 민이는 재빨리 몸을 숙여 복도에 쪼그리고 앉았다.

'내가 왜 이러지? 진짜로 내가 보낸 문자 때문에 태수 형이 쓰러진 걸까? 설마 그럴 리가 없어.'

아무리 생각해도 말도 안 되는 얘기였다. 민이는 복도 구석으로 가서 휴대 전화를 꺼냈다.

'참! 전화번호는 몰라도 사자성어 문자가 온 곳으로 전화를 걸 수는 있잖아!'

민이는 인사불성이라고 문자가 왔던 곳에 전화를 걸었다. 하지만 역시나 엄마한테 전화를 걸었을 때처럼 연결되지 않았다. 이 궁리 저 궁리를 하다가 이번에는 '넌 누구냐?'라고 문자를 찍었다.

'아니지, 상대방은 어른일 수도 있는데 반말로 물어보면 기분 나쁠지도 몰라.'

다시 문자를 지우고 '누구세요?'라고 고쳐서 보냈다. 벌써 쉬는 시간이 끝났는지 복도에는 아무도 없었다.

'늦게 들어가면 선생님한테 혼날 텐데.'

초조한 마음에 복도를 서성이고 있을 때 마침내 문자가 왔다.

✉ 이것은 사자성어폰입니다. 소원을 보내세요.

2교시는 컴퓨터 시간이었다. 민이는 컴퓨터실로 가자마자 잽싸게 자리를 찾아 앉았다. 마음이 급해서인지 오늘따라 인터넷 속도가 더디게 느껴졌다. 검색창에 인사불성이라고 사자성어를 쳐 보았더니 다음과 같이 나왔다.

인사불성人事不省 또는 기절이라고도 한다. 소리가 들리지 않거나 주위가 캄캄해짐과 동시에 의식이 없는 상태가 된다. 제 몸에서 무슨 일이 벌어지는지 모를 만큼 정신을 잃은 상태를 말한다.

'인사불성'의 뜻은 생각보다 더 무서웠다. 태수 형이 죽을 수도 있다는 생각에 와락 겁이 났다. 혹시나 싶어서 이번에는 '사자성어폰'을 검색해 보았다. 하지만 사자성어폰에 대한 검색 결과는 어디에서도 찾을 수 없었다.

민이는 폰을 책상 밑으로 몰래 꺼내 요리조리 살펴보았다. 아무리 살펴봐도 요즘 나오는 휴대 전화처럼 작고 세련된 모양도 아니고 게임도 안 되는 옛날 전화기일 뿐이었다.

'사자성어폰이라고? 세상에 그런 게 어디 있어? 그냥 우연의 일치일 거야. 그럼, 한 번 더 문자를 보내서 시험해 볼까?'

컴퓨터실 안을 둘러보자 아이들은 한글 타자 연습을 하느라 정신이 없었고 마침 선생님도 자리를 비우고 없었다. 민이는 사

자성어폰으로 다시 문자를 보냈다.

 우리 반 아이들이 전부 다 신나게 웃게 해 주세요.

잠시 뒤, 답장이 왔다.

 拍掌大笑

뒤의 두 글자. 큰 대, 웃을 소는 확실히 알겠는데 앞의 두 글자가 가물가물했다. 얼른 인터넷에 들어가 '拍' 자와 '掌' 자를 검색해 보았다.

"칠 박, 손바닥 장, 그렇다면 박장대소! 손바닥을 치면서 크게 웃는다?"

혼잣말로 중얼거리는 소리에 뒤에 앉아 있던 준호가 물었다.

"뭐라고?"

바로 그때 컴퓨터 화면에 커다란 소 한 마리가 나타났다. 덩치가 크고 누런 황소였다. 코뚜레까지 하고 있는 모습이 진짜 소와 똑같았다. 금방이라도 컴퓨터 밖으로 튀어나올 것만 같았다.

"저거 무슨 게임이야?"

준호가 물었다.

"나도 몰라."

그런데 모니터 속에서 뚜벅뚜벅 걸어 다니던 황소가 여기저기에 똥을 싸는 게 아닌가!

"애들아, 저것 좀 봐! 진짜 웃기다."

준호의 말에 반 아이들이 우르르 민이가 앉아 있는 컴퓨터 주위로 몰려들었다. 소똥을 본 아이들이 '와' 하고 웃음을 터뜨렸다.

"에이, 더러워!"

준호가 코를 막고 소리쳤다. 황소가 모니터에서 사라지자마자 군데군데 흩어진 소똥이 똘똘 뭉쳐지더니 공처럼 구르기 시작했다.

"저것 좀 봐! 소똥이 굴러다닌다!"

누군가 소리쳤다. 그 말에 아이들이 배꼽을 잡고 웃어댔다. 하하, 호호, 깔깔, 낄낄, 헤헤. 책상을 두드리며 웃는 아이, 아예 교실 바닥에 드러누워 소똥처럼 데굴데굴 구르며 웃는 아이까지 있었다.

"최민, 저거 무슨 동영상이야? 어디서 볼 수 있어?"

진영이는 너무 웃다가 눈물까지 흘리고 있었다. 컴퓨터실 안에서 웃지 않는 아이는 오로지 민이밖에 없었다. 원래 이런 유치한 동영상을 보면서 웃을 아이들이 아닌데, 이번에도 사자성어 문자가 어떤 힘을 발휘한 것 같았다.

"조용! 도대체 왜 이렇게 시끄럽니?"

그때 신생님이 들어오더니 큰소리로 물었다.

"선생님, 저기 소똥이 굴러가요."

아이들이 킥킥 웃어대며 민이 앞에 있는 컴퓨터를 가리켰다. 선생님이 다가오자 화면 안에서 공처럼 이리저리 굴러다니던 소똥이 순식간에 사라졌다.

"어? 어디로 갔지?"

준호가 눈을 동그랗게 뜨고 물었다.

"싱겁기는, 하긴 너희 나이는 소똥이 굴러가는 것만 봐도 웃음이 나올 때지."

선생님은 다시 한글 타자 연습으로 바뀐 컴퓨터를 보더니 어이없다는 듯이 웃었다. 민이는 수업 시간 내내 도무지 정신을 집중할 수가 없었다.

'어떻게 이런 일이 있을 수 있지? 사자성어의 뜻이 그대로 현실에서 이루어지고 있잖아! 사람의 힘으로는 절대로 불가능한 일인데, 혹시 귀신이 장난치는 걸까?'

머릿속에서 별별 귀신이 다 떠올랐다. 전설의 고향에서 본 처녀 귀신, 만화에서 본 각양각색各樣各色의 귀신들, 텔레비전 화면에서 머리를 풀고 스멀스멀 기어 나오던 귀신까지. 혹시 저 전화기에서도 어느 날 귀신이 불쑥 튀어나오는 거 아닐까?

"으악!"

순간, 민이는 자신도 모르게 비명을 지르며 자리에서 벌떡 일어섰다.

"왜 그러니?"

선생님이 깜짝 놀라 물었다.

"아, 아무것도 아니에요. 머리가 좀 아파서요."

민이는 머리를 긁적이며 자리에 앉았다.

"이번에는 또 뭐가 나왔냐?"

뒤에 앉은 준호가 등을 콕콕 찌르며 물었다.

"아무것도 아니라니까!"

민이가 왈칵 짜증을 내자 김준호가 고개를 갸웃거렸다.

"야, 이진영! 오늘 최민 좀 이상하지 않냐?"

선생님이 자리를 비운 사이에 준호가 진영이한테 소곤거리는 소리가 들렸다.

"너, 그나저나 오늘 급식 반찬 뭔지 알아? 또 고기가 나오면 어쩌지?"

진영이가 준호를 돌아보며 말했다.

"난 브로콜리가 나올까 봐 걱정인데. 브로콜리는 정말 질색이야. 웩!"

준호는 자판을 치다가 말고 토하는 시늉을 했다. 선생님은 급식 시간에 반찬을 골고루 먹지 않고 남기는 걸 제일 싫어했다.

계속 그러면 남아서 《명심보감》을 쓰게 했다. 민이도 채소 반찬을 싫어해서 몇 번 그 벌을 받은 적이 있었다. 열 번씩 따라 쓰는데 정말 팔이 빠질 것처럼 아팠다.

민이네 반에서 명심보감을 제일 많이 쓴 아이는 바로 진영이였다. 진영이는 고기로 만든 음식은 무조건 입에 대지 못했다. 돈가스, 불고기, 치킨처럼 아이들이 대부분 좋아하는 반찬을 말이다.

"고기가 얼마나 맛있는데! 이진영, 네가 그래서 키가 안 크는 거야."

준호가 진영이한테 퉁박을 주었다.

"뭐라고? 김준호, 그러는 넌 크냐?"

이럴 때 보면 진영이는 작지만 매운 고추 같다. 누가 뭐라고 하건 전혀 기가 안 죽는 걸 보면 말이다. 둘이서 옥신각신하는 동안 민이는 멍하니 컴퓨터만 들여다보고 있었다. 자꾸만 식은땀이 나고 다리가 덜덜 떨렸다.

쉬는 시간 종이 울리자마자 민이는 쏜살같이 화장실로 달려갔다. 누가 보기라도 할까 봐 문을 잠그고 재빨리 사자성어폰을 꺼냈다. 귀신과 문자를 주고받았다고 생각하니 머리카락이 죄다 곤두서는 것만 같았다.

'이걸 어쩌지? 다시 버릴까?'

그냥 변기 속에 퐁당 집어넣고 물을 확 내려 버리면 마음이 편해질 것 같았다. 그때 딩동 하고 다시 문자가 왔다. 민이는 깜짝 놀라 부들부들 떨리는 손으로 문자를 확인했다.

✉ 소원을 말하세요. 원하는 대로 이루어지는 사자성어를 보내 드립니다.

소원이란 문자를 보자 마음이 흔들리기 시작했다. 어쩌면 문자를 보내오는 게 귀신처럼 무서운 존재가 아닐지도 모른다는 생각이 스치고 지나갔다.

'혹시 알라딘의 요술 램프에 나오는 지니처럼 마음씨 착한 거인이 휴대 전화 안에 살고 있는 건 아닐까?'

문득 아빠가 살아 계실 때 해 주신 말이 떠올랐다.

'민이야, 지피지기知彼知己면 백전불태百戰不殆란다.'

일단 상대방을 알고 나를 알면 백 번 싸워도 위태롭지 않다는 뜻의 사자성어. 그러자 불쑥 오기가 생겼다.

'그래, 일단은 상대방이 하라는 대로 해 보자. 그러다 보

면 정체를 밝힐 수 있을지도 몰라.'

민이는 잠시 망설이다가 문자를 보냈다.

 급식 시간에 채소만 빼고 나오게 해 주세요.

진영이를 생각하면 안 됐지만 하는 수 없었다. 민이도 준호처럼 나물 반찬만 생각하면 진짜 '웩' 하고 넘어올 것 같으니까.

문자를 보내고 밖으로 나와 손을 씻는데 주머니 안에서 사자성어폰이 윙 하고 떨렸다. 민이는 머리카락까지 한 올, 한 올 부르르 떨리는 기분이었다. 젖은 손을 바지에 허겁지겁 문지르고 문자를 확인했다.

어두육미. 물고기 어, 머리 두, 고기 육, 꼬리 미. 물고기는 머리 쪽이 맛있고 고기는 꼬리 쪽이 맛있다는 뜻의 사자성어였다. 이번엔 또 어떤 일이 벌어질지 궁금했다.

드디어 급식 시간. 가방에서 물통과 수저를 꺼내는데 가슴이 두근거렸다. 진영이는 급식이 나오자마자 제일 먼저 쪼르르 달려가 반찬을 확인했다.

"어머, 이게 뭐야?"

진영이의 얼굴이 하얗게 질렸다. 급식대에는 기름이 동동 뜬 꼬리곰탕과 밥, 그리고 생선 대가리 조림이 잔뜩 쌓여 있었다.

"아니, 오늘 급식이 왜 이래요?"

선생님이 눈살을 찌푸리며 급식을 하는 아주머니에게 물었다.

"글쎄 저희도 잘 모르겠어요. 저희는 그냥 시키는 대로 했을 뿐이니까요."

아주머니가 주걱으로 밥을 뒤섞으며 퉁명스럽게 대답했다.

"정말 이상하네. 식단표에는 이런 반찬이 없었던 것 같은데……."

선생님은 여전히 미심쩍은 표정이었다. 꼬리곰탕은 그나마 설렁탕이랑 비슷해 보여서 다행이었다. 하지만 눈알까지 박힌 생선 머리만 떡하니 놓여 있는 걸 본 아이들은 하나같이 입을 쩌억 벌렸다.

'이왕이면 진수성찬珍羞盛饌이라거나 산해진미山海珍味라고 문자가 왔으면 오죽 좋아? 그럼 산과 바다에서 나는 것으로 만든 귀한 음식들이 줄줄이 나왔을 거 아냐?'

 민이는 사자성어폰을 내려다보면서 중얼거렸다. 진영이는 결국 입을 막은 채 화장실로 뛰어가고 말았다.

용과 봉황에게 혼난
절대막강파

"민이, 오늘 일찍 왔네."

태수 형 엄마가 대문 앞에 서 있다가 알은 체를 했다. 민이는 꾸벅 인사를 하고 얼른 대문 안으로 들어갔다.

"태수가 구급차 안에서 벌떡 일어났다고? 아이고, 정말 다행이네."

현관문 앞에서 열쇠를 꺼내는데 이층 할머니 목소리가 들렸다. 민이네는 지하부터 이층까지 세 가구가 살았다. 주인인 민이네는 일층에 살고 지하에는 태수 형네가, 그리고 이층에는 할머니가 혼자 세 들어 살고 있었다.

"태수가 덩치는 커도 몸이 약한가 봐요. 보약이라도 먹이고 싶은데 어디 돈이 있어야지요. 가게는 손님도 없고 파리만 날리니 원……."

태수 형네는 요 앞 시장에서 만두 가게를 한다. 아줌마는 일하다가 뛰어왔는지 앞치마 차림으로 이층 할머니와 얘기를 나누고 있었다.

민이는 재빨리 현관문을 열고 안으로 들어갔다. 방에 들어가자마자 가방을 던져 놓고 침대에 벌러덩 드러누웠다. 태수 형이 깨어났다는 소리에 안도의 한숨이 저절로 나왔다. 그래도 무섭고 떨리기는 마찬가지였다.

인사불성, 박장대소, 어두육미, 오늘 받은 문자를 차례로 떠올리자 머리가 지끈지끈 아파 왔다.

"띠디디, 띠디디."

그때 전화벨 소리가 들렸다.

"엄마야!"

민이는 비명을 지르며 이불을 머리끝까지 뒤집어썼다. 어디선가 금방이라도 휴대 전화 귀신이 불쑥 튀어나올 것만 같았다. 이불 속에서 가만히 들어보니 벨 소리는 거실 쪽에서 들려왔다. 다행히 그 소리는 집 전화 벨 소리였다.

"여보세요?"

민이는 후다닥 거실로 나가 수화기를 들었다.

"민아, 너 왜 학원 안 갔어? 관장님한테 전화 와서 깜짝 놀랐잖아."

엄마였다. 엄마 목소리가 오늘처럼 반가운 적도 없었다. 순간, 눈물이 핑 돌고 목이 메어 왔다.

"최민, 왜 대답이 없어?"

"좀 아파서······."

자신도 모르게 거짓말이 불쑥 튀어나왔다.

"아파? 어디가?"

"감기 걸렸나 봐. 학교에서 콧물도 나고 기침도 했어."

일부러 힘없는 목소리로 대답했다. 태권도 학원에서도 귀신 생각만 할 게 뻔한데, 오늘만큼은 정말 아무 데도 가고 싶지 않았다.

"열도 나니?"

"아니."

"후유, 다행이다. 냉장고에 감기약 있거든. 꺼내서 먹을 수 있지? 어른 숟가락으로 딱 한 숟갈만 먹어. 어쩌니, 엄마가 오늘 회사에 중요한 일이 있어서 일찍 갈 수도 없는데. 약 먹고 한숨 자고 있어. 알았지?"

전화를 끊고 나자 민이는 힘이 쭉 빠졌다. 엄마한테 거짓말을 한 게 마음에 걸렸다. 그렇다고 엄마한테 사자성어폰 얘기를 하기는 싫었다.

엄마는 아빠가 돌아가시고 나서부터는 민이 얘기를 잘 들어주지 않았다. 늘 슬픈 표정을 짓고 있거나 멍하게 딴 생각에 빠져 있을 때가 많았다. 이럴 때 아빠가 살아 계셨더라면 얼마나 좋았을까.

민이가 초등학교에 입학하던 해에 교통사고로 돌아가신 아빠가 떠올랐다. 아빠는 날마다 민이에게 천자문을 가르쳐 주었다. 그 덕분에 한자 박사라는 소리까지 들었지만 지금은 아니다. 아빠가 없으니까 한자 공부도 재미없고 다 귀찮아졌다.

집에 혼자 있을 때는 역시 텔레비전이 최고다. 리모컨으로 소리를 높이고 만화를 보는데 쿵쿵, 현관문 두드리는 소리가 들렸다.

"누구세요?"

"야! 초미니, 너 집에 있었어? 빨리 문 좀 열어 봐."

또 태수 형이다. 태수 형인 줄 알았으면 대답하지 말걸. 민이는 어쩔 수 없이 문을 열었다.

"진짜 있네. 텔레비전 소리가 들려서 혹시나 하고 올라

와 봤는데. 미니, 잘됐다. 너희 집 컴퓨터 좀 쓰자."

형은 오전에 한바탕 '인사불성'을 당해서인지 그새 얼굴이 반쪽이 되어 있었다.

"형네 집도 컴퓨터 있잖아."

"인마, 돈 안 내서 얼마 전에 인터넷 끊겼어. 울 엄마가 외출 금지령을 내려서 PC방도 못 가고 집구석에 쳐 박혀 있으려니까 답답해 죽겠다."

"오늘은 안 돼. 내가 지금 몸이 좀 아프단 말야."

민이는 주머니 안에 있는 사자성어폰을 꽉 쥐고 말했다.

"뭐? 안 돼? 야, 몸 아픈 건 나도 마찬가지거든. 세상에 태어나서 처음으로 기절이라는 걸 다 하고. 쪽팔려 죽겠단 말이지."

"그래도 안 돼."

민이 자신도 대답하면서 속으로 깜짝 놀랐다. 민이가 태수 형한테 이렇게 말한 적은 지금까지 단 한 번도 없었기 때문이다.

"초미니, 너 세게 나오는데? 너희 엄마도 회사 다녀서 늦게 오잖아. 어차피 너 혼자 있을 거면서 뭘 그렇게 비싸게 굴어?"

그래도 민이가 꿈쩍하지 않자 태수 형의 표정이 점점 굳어졌다. 번뜩이는 눈빛에선 금방이라도 레이저 광선이 뿜어져 나올 것 같았다. 민이는 잠시 주춤거리다가 다시 한 번 고개를 저었다. 사자성어폰을 쥐고 있는 손아귀에 저절로 힘이 들어갔다.

"너 지금 주인집 아들이라고 행세하는 거야, 뭐야! 너 내가 한번 쓰러졌다고 우습게 보여?"

형이 버럭 화를 내며 말했다. 민이가 아무런 대답도 하지 않자 태수 형은 주먹을 치켜올리며 민이를 윽박질렀다.

"초미니, 너 앞으로 조심하는 게 좋을걸. 학교에서 만나면……."

태수 형의 말이 채 끝나기도 전에 민이는 현관문을 쾅 닫아 버렸다. 그러자 형이 문밖에서 기가 막힌 듯 웃는 소리가 들렸다.

"어쭈, 콩알만 한 게 어디서 까불고 있어. 최민, 넌 이제

죽었어!"

 다음 날 학교 수업을 마치고 민이는 여느 때처럼 태권도 학원으로 향했다. 하늘은 비가 올 듯 잔뜩 흐려 있었다. 가방 속에는 사자성어폰이랑 옥편도 한 권 들어 있었다. 이 옥편은 원래 아빠가 쓰던 한자 사전이었다. 밖에서 사자성어 문자가 오면 찾아볼 생각으로 아침에 갖고 나온 거였다.
 태권도 학원으로 가려면 사자성어폰을 주웠던 바로 그 전봇대를 지나쳐야 했다. 빠른 걸음으로 걸어가는데 어떤 할아버지가 전봇대 주위를 서성거리고 있는 게 보였다.
 민이는 무심코 그냥 지나치려다가 걸음을 멈췄다. 처음에는 폐지를 모으러 다니는 동네 할아버지인 줄 알았는데 차림새가 워낙 특이했다.
 할아버지는 사진에서 보았던 아인슈타인처럼 헝클어진 백발에 눈은 금붕어처럼 툭 튀어나온 데다 의사처럼 하얀 가운을 입고 있었다.
 "분명히 이 근처에 버렸다고 했는데……. 없어, 감쪽같

이 없어졌다고!"

 할아버지는 뭔가를 계속 찾고 있었다. 할아버지가 쓰레기 더미를 뒤지다 말고 민이 쪽으로 고개를 돌렸다. 할아버지와 눈이 마주치자 민이는 더럭 겁이 났다. 도둑이 제 발 저리듯 자신도 모르게 걸음이 빨라졌다.

 '혹시 사자성어폰을 찾고 있는 건 아닐까? 그럼, 저 할아버지가 사자성어폰 주인인가?'

 흰 가운을 입고 있었지만 의사같지는 않아 보였다. 도대체 뭐 하는 사람일까? 민이는 그 할아버지에게서 눈을 뗄 수가 없었다.

 모퉁이를 돌자 민이가 다니는 태권도 학원 건물이 보였다. 그런데 엎친 데 덮친 격으로 학원 앞에 태수 형과 절대막강파들이 서 있는 게 아닌가? 심장이 쿵 내려앉는 것 같았다. 민이는 재빨리 뒤돌아서서 태연하게 걸었다. 마음 같아서는 뛰고 싶었지만 눈에 띌까 봐 그러지도 못하고 가슴만 조마조마했다.

 "쟤, 초미니 아냐?"

"맞아. 빨리 잡아 와!"

태수 형 목소리였다. 민이는 냅다 뛰기 시작했다. 빨리 뛰려고 하면 할수록 자꾸만 다리가 꼬였다. 마치 제자리를 뛰고 있는 것처럼.

다시 모퉁이를 돌아 시장으로 내달렸다. 생선 가게를 지나고 태수 형네 만두 가게도 지나 정신없이 달렸다. 할머니들이 나물을 팔고 있는 좌판을 지나는데 숨이 턱까지 차올랐다.

절대막강파 형들도 지친 걸까? 뒤를 돌아보니 형들도 천천히 뛰어오고 있었다. 그 순간 퍼뜩 가방 안에 있는 전화

기가 떠올랐다.

'아, 참! 사자성어폰!'

민이는 재빨리 사자성어폰을 꺼내 손에 꼬옥 쥐었다. 태수 형과 나머지 형들은 보는 눈이 많아서인지 섣불리 다가오지 못했다. 그 틈을 타서 재빨리 문자를 찍었다.

✉ 나쁜 형들에게 쫓기고 있어요. 도와주세요.

문자를 보내는 손이 바들바들 떨렸다.

"미니, 미니, 초미니! 웬만하면 휴대 전화 새 걸로 하나 바꾸지 그래? 완전 촌스러운데!"

태수 형이 시장 바닥에 침을 탁 뱉으며 말했다. 시장을 오가던 사람들도 이 광경을 보았지만 불러서 혼을 내는 어른은 단 한 명도 없었다.

민이가 다시 달리기 시작하자 뒤에 있던 절대막강파들도 따라 뛰었다. 한참을 달리다 보니 막다른 골목이 나왔다. 주위를 둘러봐도 개미 새끼 한 마리 눈에 띄질 않았다.

"초미니, 꼬맹이가 왜 이렇게 빠르냐? 너 때문에 힘들어 죽겠다."

태수 형과 그 일당들이 헉헉거리며 다가왔다. 모두 합쳐 다섯 명이나 됐다.

'치사하게 3학년 한 명 상대하자고 다섯 명이나 달려들다니.'

말 그대로 사면초가四面楚歌, 그러니까 절대막강파에게 포위되어 완전히 고립된 상태였다. 민이는 눈을 꼭 감았다. 꼴까닥 침이 넘어가는 소리가 들릴 정도로 숨 막히는 몇 초가 흘렀다. 잠시 뒤, 딩동 하고 문자 오는 소리가 들렸다.

 龍飛鳳舞

얼른 문자를 확인했다. 용 용龍, 날 비飛까지는 알겠는데

그 다음 두 자는 처음 보는 한자였다.

'용이 날고 다음은 어쩐다는 거지?'

"쳇! 아까 문자까지 날리더니, 초미니 아직 여유가 있나 보네."

태수 형이 비웃으며 말했다.

"야, 깐죽아. 저 휴대 전화 뺏어!"

태수 형이 깐죽이 형에게 시켰다. 깐죽이 형이 사자성어폰을 뺏으려고 민이에게 달려 들었다.

"안 돼. 이건 정말 안 된단 말이야."

민이는 사자성어폰을 꽉 쥐고는 몸부림쳤다. 그러자 나머지 형들이 한꺼번에 달려 들었다. 땅바닥에 넘어지면서 안경이 벗겨졌다. 그래도 손에서 놓지 않자 깐죽이 형이 소리쳤다.

"야! 빨리 안 내놔? 이거 아주 끈질긴 놈이네."

그런데 갑자기 담벼락 뒤에서 쿵쿵거리는 소리가 들렸다. 땅이 흔들릴 정도로 엄청나게 큰 소리였다. 절대막강파 형들이 깜짝 놀라 동시에 그쪽을 쳐다보았다.

"저, 저게 뭐야?"

태수 형의 쭉 째진 눈이 휘둥그레 커졌다. 민이도 더듬더듬 땅바닥에 떨어진 안경을 찾아 쓰고는 소리 나는 쪽을 올려다보았다.

세상에! 그것은 바로 용이었다. 정말로 한 마리의 거대한 용이 담벼락 위로 그 모습을 드러낸 것이다. 형들이 입을 다물지 못한 채, 용이 꿈틀거리며 올라오는 장면을 지켜보고 있었다. 깐죽이 형은 침까지 질질 흘리고 있었다.

"저거 드 드 드 드래곤……, 용 맞지? 야, 도망치자!"

태수 형이 넋을 잃고 서 있는 형들에게 말했다. 그 말을 들었는지 갑자기 용이 몸을 굽혀 절대막강파들에게 무시무시한 얼굴을 들이밀었다.

"옴마야!"

깐죽이 형이 태수 형 뒤로 몸을 숨기며 비명을 질렀다. 나머지 형들도 모두 돌처럼 굳은 채 벌벌 떨고 있었다.

가까이에서 보니 용의 모습은 훨씬 더 굉장했다. 부리부리한 두 눈, 벌름거리는 콧구멍은 동굴처럼 크고 머리에는 길고 푸른 수염이 매달려 있었다.

이상하게도 용은 형들만 괴롭힐 뿐 민이가 있는 근처에는 얼씬도 하지 않았다. 절대막강파들이 용에게 쫓기는 사이 민이는 가방에서 재빨리 옥편을 꺼냈다.

'鳳舞가 도대체 무슨 뜻이지?'

'鳳'자와 '舞'자를 땅바닥에 써 보니 모두 14획이었다. 정신없이 옥편을 뒤적거려 음과 훈을 찾아보았다.

"봉황 봉, 춤출 무, 봉황이 춤을 춘다. 그리고 천하를 얻는다고?"

민이 말이 끝나기가 무섭게 하늘에서 거대한 새 한 마리가 나타났다. 얼굴은 제비 모양이고 수탉을 닮은 부리, 뱀 모양의 목, 물고기처럼 생긴 꼬리, 등은 거북이처럼 생긴 이상한 새였다. 하늘을 뒤덮을 만큼 커다란 날개를 가진 새는 천천히 하늘을 한 바퀴 돌더니 쏜살같이 내려왔다.

"저건 또 뭐야?"

태수 형이 눈을 동그랗게 뜨고 물었다. 용의 비늘을 가진 새. 책에서 본 봉황새가 분명했다. 민이는 오색 깃털이 화

려하게 어우러진 봉황새에게서 눈을 뗄 수가 없었다. 바로 그때 거대한 용이 불을 내뿜자 하늘마저 붉게 물들었다.

"앗! 뜨거워!"

태수 형이 갑자기 머리를 움켜쥐고 뒹굴었다.

"강태수, 왜 그래?"

깐죽이 형이 눈물범벅을 하고 물었다.

"내 머리에 불이 붙었나 봐!"

태수 형이 펄쩍펄쩍 뛰면서 말했다. 깐죽이 형이 옷을 벗어 태수 형 머리에 붙은 불을 껐다. 하지만 용이 내뿜는 불길에 그을려 이미 태수 형 머리카락이 홀라당 타 버린 뒤였다.

절대막강파들은 뿔뿔이 흩어졌고 태수 형과 깐죽이 형도 삼십육계三十六計 줄행랑, 걸음마 나 살려라 도망쳤다. 하지만 민이는 도무지 자리를 뜰 수가 없었다.

"용비봉무. 너무 멋진 사자성어야! 내 앞에서 용이 날고 봉황이 춤을 추다니……."

민이는 혼잣말을 중얼거리며 너무 근사하고 멋진 광경에

그 자리에 못 박힌 듯 서 있었다. 바로 그때 코앞에 용이 불쑥 얼굴을 내밀었다. 봉황새도 날개를 접으며 가까이 다가왔다.

"고, 고마워."

민이는 용과 봉황새에게 인사를 했다. 뭐라고 말을 더 하고 싶었지만 더이상 말이 나오지 않았다. 용은 커다란 눈을 끔뻑거리더니 하늘로 솟구쳐 올랐다. 뒤이어 봉황새도 부리를 까닥거리고는 날갯짓을 하며 하늘 저편으로 사라져 갔다.

태수 형에게 **사자성어폰**을 빼앗기다

다음 날이 되었다. 그런데 정말 이상한 일이었다. 바로 어제 서울 하늘에 나타난 용과 봉황새를 본 사람이 아무도 없었다. 그 자리에 있던 민이랑 태수형, 절대막강파 형들을 빼고는 말이다.

아침부터 인터넷을 샅샅이 뒤져 보았지만 그 엄청난 사건에 관한 기사는 단 한 줄도 나오지 않았다.

'서울 하늘 한복판에 용이 나타나고 봉황새까지 날아다녔는데 아무도 모른다는 게 말이 돼? 그럼 어제 보았던 게 모두 꿈이었단 말이야?'

이런 사건을 두고 바로 전대미문前代未聞의 사건이라고 하나 보다. 여태껏 전혀 들어 본 적이 없는 일. 그런데도 세상이 이렇게 조용한 걸 보면 정말 이상한 일이었다. 머리까지 빡빡 밀고 나타난 태수 형을 보면 꿈이 아닌 건 확실한데 말이다.

엄마가 그러는데 형이 불장난을 하다가 그런 줄 알고 형네 엄마한테 엄청나게 맞았다고 한다.

"최민, 밥 먹자!"

엄마가 부르는 소리가 들렸다. 민이는 방에서 그림을 그리는 중이었다. 스케치북에 그날 본 대로 용과 봉황새를 그려 넣고, 밑에다 용비봉무란 사자성어를 한자로 큼지막하게 써 넣었다.

다 그려진 용과 봉황새를 보니까 비록 그림이긴 해도 짜릿한 기분이 들었다.

"민아, 밥 먹자니까!"

두 번째로 부르는 엄마 목소리엔

약간 짜증이 섞여 있었다. 민이는 마지못해 스케치북을 덮고 일어났다.

"민아, 전화기 아직도 못 찾았어?"

식탁 앞에 마주앉은 엄마가 물었다.

"응."

"넌 다 좋은데 덜렁거려서 탈이라니까."

엄마는 민이를 흘겨보며 말했다.

"아무래도 다시 하나 사 줘야겠다. 너랑 연락이 안 되면 내가 불안해서 안 되겠어."

"나 이제 휴대 전화 필요 없어."

진심이었다. 이렇게 멋진 사자성어폰이 있는데 아무리 최신형 휴대 전화라고 해도 구미가 당기지 않았다. 엄마는 그런 민이를 보며 어이없다는 듯이 웃었다.

"하긴, 그렇게 좋은 휴대 전화를 잃어버렸으니 너도 할 말이 없겠지. 얼른 밥이나 먹자. 남기지 말고 다 먹어야 돼. 알았지?"

그러고 보니 밥그릇엔 밥이 꾹꾹 눌러 담겨 있었다.

"밥이 왜 이렇게 많아?"

민이는 얼굴을 찡그리며 물었다.

"그래야 키가 크지. 태수 좀 봐라. 덩치가 중학생 같잖아. 난 네가 그 정도만 커도 소원이 없겠다. 그렇다고 말썽부리는 것까지 닮지는 말고. 쯧쯧, 또 무슨 말썽을 부리다가 머리카락까지 몽땅 태웠을까?"

민이는 당장이라도 사자성어폰 얘기를 꺼내고 싶어서 입이 근질거렸다.

"엄마, 있잖아. 나 어저께 용 봤다!"

"꿈 꿨니?"

엄마가 된장국을 뜨면서 시큰둥하게 대답했다.

"진짜로 봤다니까! 봉황새도 있었어."

"너 밥 먹기 싫어서 이상한 소리 하는 거 다 알거든! 얼른 밥이나 먹어."

엄마는 민이 말을 제대로 들으려고도 하지 않았다. 사자성이폰 얘기를 꺼내 봤자 괜히 남의 물건이나 주워 왔다고 된통 혼만 날 것 같아서 민이는 입을 꾹 다물었다.

"참! 민아, 어쩌지? 모처럼 노는 토요일인데 엄마가 일이 많아서 잠깐 회사에 나가 봐야 돼."

"괜찮아."

민이는 정말로 괜찮은데 민이를 보는 엄마의 표정이 또 슬퍼졌다. 엄마가 나가자마자 책상 서랍 속에 고이 넣어 둔 사자성어폰을 꺼냈다. 용비봉무龍飛鳳舞 문자를 보자 어제처럼 또 심장이 벌렁거렸다.

민이는 그동안 받은 문자들을 보고 또 들여다보았다. 그런데 벌써 배터리가 반이나 줄어들어 있었다.

안방으로 가서 엄마 휴대 전화 충전기에 연결시켜 보았다. 하지만 사자성어폰이 워낙 커서 그 충전기와 연결이 되지 않았다.

"최민, 문 좀 열어 줘!"

그때 대문 밖에서 진영이 목소리가 들렸다. 진영이는 유치원 때부터 민이랑 한 동네에 살아서 자주 놀러왔다.

"알림장 좀 보여 주라. 깜박 잊고 학교에 놓고 왔어."

진영이가 신발을 벗자마자 말했다.

"너 혼자 있었어?"

"응, 엄마 회사 갔어."

"혼자서 뭐했어? 심심했겠다."

"전화기 갖고 놀았어."

"지난번에 주웠다던 그 구닥다리 전화기? 그거 게임도 안 된다며?"

민이는 대답 대신 씨익 웃으며 알림장을 건네주었다. 진영이는 소파에 앉아서 가져온 공책을 꺼내더니 선생님이 내 주신 숙제를 베끼기 시작했다.

"빵 먹을래?"

민이는 부엌으로 가서 엄마가 간식으로 두고 간 빵을 가져왔다. 진영이는 알림장을 후딱 베껴 쓰고는 민이가 주는 빵을 받아 들었다. 민이는 냉장고에서 우유도 꺼내 한 컵 따라 주었다.

"어제 급식 진짜 이상하지 않았어? 급식에 생선 머리가 나왔다고 엄마들이 학교로 전화 걸어서 막 항의했대. 그 덕분에 명심보감을 쓰지 않아서 정말 다행이야."

진영이가 빵을 우물거리며 말했다.
"이진영, 너 고기가 그렇게 싫어?"
진영이가 말 없이 고개를 끄덕였다.
"넌 소 눈이 얼마나 예쁜지 모르지? 소는 사람처럼 눈물도 흘린단 말이야."
진영이는 몸을 부르르 떨더니 우유를 벌컥벌컥 마셨다. 민이도 전에 진영이한테 들은 적이 있었다. 이 동네로 이사 오기 전에 진영이는 시골에서 살았는데 진영이네 부모님이 소를 키웠다고 한다. 그때 진영이는 소랑 친구처럼 지냈다고 했다.
"그럼 우유는 왜 마시냐? 그것도 소젖인데?"
그러자 진영이가 민이를 째려보았다.
"이제 다 썼으니까 집에 갈래."
진영이가 기분이 나빴는지 벌떡 일어서며 말했다.
"야! 이진영, 잠깐만! 너한테 말해 줄 게 있어."
민이는 나가려는 진영이를 붙잡았다.
"그 어두육미……, 그거 사실 내가 한 거야."

"뭐라고? 어두육미? 그게 뭐야?"

진영이가 다시 소파에 앉았다.

"지난 번 급식 때 생선 대가리 조림 나온 거 있잖아. 그리고 태수 형 쓰러진 것도 다 그 사자성어폰 때문이었어."

"사자성어폰? 너 지금 무슨 소리를 하는 거야?"

민이는 사자성어폰을 꺼내 진영이에게 그동안 온 문자를 차례차례 보여 주며 자초지종自初至終을 털어놓았다.

"최민, 너 지금 농담하는 거지?"

"아냐. 정말이야. 용비봉무 사자성어가 문자로 왔을 땐 정말로 하늘에 용이랑 봉황새가 나타났단 말이야."

용이랑 봉황새란 말에 진영이는 눈을 깜박거리더니 이내 어이없다는 표정을 지었다. 이런 걸 두고 소귀에 경 읽기라고 하는 걸까? 우이독경牛耳讀經, 우둔한 사람에게는 아무리 가르쳐 주어도 알아듣지 못한다는 뜻처럼 진영이는 민이 말을 전혀 귀담아 듣지 않는 눈치였다.

"정, 내 말을 못 믿겠으면 내가 네 소원 하나 보내 줄까? 아무거나 말해 봐. 참, 너 소녀시대처럼 예뻐지고 싶다고 했지?"

민이는 얼른 '진영이가 예뻐지게 해 주세요.' 하고 문자를 보냈다.

"최민, 그럼 신데렐라가 나오는 마법사 할머니라도 뽕 나타난다는 거야?"

진영이가 미심쩍은 표정으로 물었다.

"기다려 봐. 좀 있으면 사자성어가 문자로 올 거야."

사자성어 문자가 와서 소원이 이루어지면 과연 진영이가 어떻게 변할지 기대가 됐다. 아마도 진영이는 너무 좋아서 팔짝팔짝 뛸 것이다.

"살라가 둘라, 메치가 불라 비비디 바비디부."

민이는 사자성어폰을 손에 쥐고 흔들며 신데렐라에 나오는 노래까지 불렀다.

"왜 답장이 안 오는 거야?"

진영이는 여전히 시큰둥한 표정이었다.

"너를 예쁘게 만들려면 시간이 좀 걸리나 보지. 이왕이면 키 크게 해 달라는 소원도 같이 보낼 걸 그랬나?"

팔짱을 끼고 기다리던 진영이가 말했다.

"나, 그냥 갈래."

진영이가 신발을 신으며 말했다.

"야! 이진영, 조금만 기다려 봐. 진짜로 온다니까!"

하지만 진영이는 현관문을 쾅 닫고 나가 버렸다. 그 순간, 진동으로 해 둔 휴대 전화가 부르르 떨렸다.

 丹脣皓齒

민이는 신발을 신을 틈도 없이 진영이를 쫓아 나갔다.

"진영아, 문자 왔어!"

그런데 현관문 앞에는 진영이가 아닌 태수 형이 서 있는 게 아닌가?

"형, 좀 비켜 줄래? 친구한테 말할 게 있단 말야."

"네 친구? 방금 저기로 뛰어가던데?"

태수 형은 잔뜩 화가 난 표정으로 말했다.

"초미니, 방금 밖에서 다 들었어. 네가 한 얘기. 그러니까 내가 지난번에 쓰러진 게 네 짓이란 말이지?"

그 말에 가슴이 쿵 내려앉았다. 방금 진영이한테 했던 얘기를 밖에서 다 엿들은 모양이었다.

"그, 그게 무슨 말이야?"

민이는 사자성어폰을 뒤로 감추며 물었다.

"야, 그 전화기 내놔 봐."

빡빡머리 태수 형이 무서운 얼굴로 말했다. 엄청나게 화가 났는지 콧구멍까지 다 벌렁거리면서 말이다.

"방에 두고 나왔는데……."

민이 말이 채 끝나기도 전에 형이 말했다.

"뒤에 감춘 거 다 알아."

태수 형도 쉽게 포기할 눈치가 아니었다. 집으로 들어가려고 슬금슬금 뒷걸음을 치는데 형이 갑자기 달려들었다. 그리고 순식간에 사자성어폰을 낚아채 갔다.

"형! 안 돼, 이리 줘!"

민이는 대문을 박차고 뛰어가는 태수 형을 뒤쫓아 나갔다. 그런데 맨발로 뛰어가다가 그만 땅

바닥에 엎어지고 말았다.

"태수 형, 내 전화기 내놔! 그거 내가 제일 아끼는 거란 말이야."

민이는 길바닥에 주저앉아 엉엉 울었다. 사자성어폰을 뺏긴 게 너무 분하고 억울해서 가슴이 터질 것 같았다.

이상해진 사람들과
난장판이 된 시장

월요일 아침, 민이는 학교에서도 종일 기운이 없었다. 사자성어폰이 없으니까 가슴이 뻥 뚫린 기분이었다.

"글쎄, 자고 일어났더니 썩은 이가 하얗게 변해 있는 거 있지."

어제까지만 해도 진영이는 보기 흉할 정도로 썩은 이가 많았다. 그런데 웃을 때마다 새까맣게 보이던 충치가 눈이 부실 정도로 하얗게 변해 있어서 민이가 봐도 놀라웠다. 진영이는 쉬는 시간 내내 거울을 들여다보면서 즐거워했다.

"그 사자성어폰 진짜 신기하다. 뭐라고 문자가 왔기에

내가 이렇게 변한 거야?"

"단순호치丹脣皓齒."

"단순호치? 그게 무슨 뜻이야?"

"붉을 단丹, 입술 순脣, 흴 호皓, 이 치齒, 옥편에서 찾아보니까 붉은 입술과 하얀 이, 미인美人이라는 뜻이더라."

미인이라는 말에 진영이의 눈이 커졌다.

"최민, 넌 정말 좋은 친구야!"

진영이가 민이를 끌어안으며 호들갑을 떨었다.

"야, 이거 놔."

민이는 당황해서 진영이를 밀었다.

"너희 왜 그래? 무슨 일 있어?"

민이네 반에서 제일 예쁘다고 소문난 얼짱 해미가 진영이에게 물었다.

"해미야, 나 오늘 좀 달라 보이지 않니?"

진영이가 입술을 앞으로 내밀며 말했다.

"이진영! 너 립글로스 발랐어? 입술이 빨갛고 반짝반짝 빛나는데?"

"아무것도 안 발랐어. 내가 원래 앵두 같은 입술이잖아. 호호."

"에이, 거짓말!"

해미가 못 믿겠다는 표정을 짓자 진영이가 자기 입술을 손가락으로 문지르며 말했다.

"이것 봐, 립글로스를 발랐으면 손에 묻을 텐데 아무것도 없지?"

다른 여자애들까지 우르르 몰려와 진영이를 둘러쌌다.

"이진영, 너 오늘따라 진짜 예뻐 보인다."

진영이는 앵두처럼 변한 입술로 하하호호 웃었다.

"비결이 뭐야?"

우리 반 얼짱인 해미가 팔짱을 끼고 물었다.

"비결이 뭐냐 하면……."

"이진영, 너 잠깐만 나와 봐!"

민이는 진영이를 교실 밖으로 질질 끌다시피 데리고 나왔다.

"왜 그래?"

진영이가 눈을 동그랗게 뜨고 물었다.

"사자성어폰 얘기, 아무한테도 하면 안 돼. 알았어?"

진영이는 마지못해 고개를 끄덕였다.

"진짜 비밀이야! 만약 이 얘기가 새어 나가면 학교가 발칵 뒤집힐지도 몰라."

"그래, 비밀 지킬 테니까 이번엔 너랑 나랑 키 크게 해 달라고 한번 보내 보자. 응?"

그 말에 민이는 한숨을 푹 쉬며 대답했다.

"사자성어폰, 지금 나한테 없어."

"뭐라고?"

진영이가 깜짝 놀라서 물었다.

"태수 형한테 뺏겼어."

"절대막강파 대장 말이야?"

민이는 태수 형이 처음 쓰러졌을 때부터 그동안 일어났던 일을 다 말해 주었다.

"그럼 그 전화기, 아니 사자성어폰을 다시 찾아올 방법이 없을까?"

"이따가 학교 끝나고 형네 집에 몰래 들어가서 찾아볼 거야."

그러자 진영이의 눈이 동그랗게 커졌다.

"어떻게 남의 집에 몰래 들어가!"

"태수 형, 우리 집 지하에 살잖아. 엄마가 비상용 열쇠를 갖고 있는 걸 봤어."

"강태수 오빠가 학교에 사자성어폰을 가져갔을지도 모

르잖아."

"태수 형이 하도 사고를 많이 쳐서 학교에는 못 갖고 갔을걸? 저번처럼 선생님한테 뺏길지도 모르니까."

"그럼, 나도 같이 가자. 내가 도와줄게!"

진영이가 하얀 이를 드러내며 싱긋 웃었다.

민이는 수업이 끝나자마자 진영이랑 쏜살같이 나왔다.

"야, 최민! 좀 천천히 가."

진영이가 숨을 몰아쉬면서 말했다.

"한시가 급하단 말이야. 너 초미지급焦眉之急이란 사자성어도 몰라? 눈썹이 탈 정도로 다급한 일, 지금이 그럴 때라고."

"그래, 너 유식하다. 5학년 수업은 우리보다 늦게 끝나잖아, 강태수 오빠는 십중팔구十中八九 학교에 있을 거야."

"십중팔구? 이진영 너도 제법이다."

"그걸 이제 알았냐? 너도 나처럼 날마다 명심보감을 써 봐라. 저절로 유식해진다니까!"

진영이가 피식 웃으며 대답했다. 둘이서 종종걸음으로 시장 통을 지날 때였다.

"저 만두 진짜 맛있나 보다. 손님들이 줄을 섰네!"

민이는 진영이가 손으로 가리키는 가게를 무심코 쳐다보았다. 그곳은 바로 태수 형네 엄마가 하는 만두 가게였다.

"김치 만두요!"

"아줌마, 고기만두 삼 인분 좀 빨리 주세요!"

가게 앞은 평소와 다르게 손님들로 북적이고 있었다.

"태수네가 신문에 광고라도 했나? 오늘따라 왜 이렇게 장사가 잘 되는 거지?"

시장 사람들이 만두 가게 앞에 모여 수군거리는 소리가 들렸다. 민이는 목을 길게 빼고 태수 형네 엄마를 찾아보았다. 가게 안에도 손님들이 꽉 차서 발 디딜 틈이 없었다. 태수 형 엄마는 만두를 포장하고 돈을 계산하느라 눈코 뜰 새 없이 바빠 보였다.

"나도 저 만두 먹고 싶다!"

진영이는 모락모락 김이 오르는 찜통을 바라보며 침을

꿀꺽 삼켰다.

"저기가 바로 태수 형네 만두 가게야."

"진짜?"

"아무래도 뭔가 이상해."

"뭐가?"

"저 가게 어제까지만 해도 장사가 안 돼서 파리만 날렸거든. 그런데 갑자기 손님들이 구름 떼처럼 몰려든 게 이상하지 않아?"

"듣고 보니 정말 그렇네. 빨리 가 보자!"

둘이는 다시 집을 향해 뛰었다. 다행히 열쇠 꾸러미는 민이네 집 신발장 서랍에 들어 있었다. 민이는 열쇠 꾸러미를 들고 계단을 조심조심 내려갔다. 진영이도 도둑고양이처럼 살금살금 민이 뒤를 따라갔다.

"어떤 열쇠인지 알아?"

"몰라, 하나씩 맞춰 봐야 해."

현관문 열쇠 구멍에 열쇠를 하나씩 맞춰 보는데 벌컥 문이 열렸다.

"야, 초미니! 너 여기서 뭐하냐?"

태수 형이었다. 민이와 진영이의 얼굴이 금세 새파랗게 질렸다.

"태, 태수 형, 집에 있었어?"

민이는 잽싸게 열쇠 꾸러미를 주머니에 집어넣었다.

"이거 연구 좀 하느라고 오늘 하루 땡땡이 쳤지."

태수 형은 사자성어폰을 흔들며 씩 웃었다.

"사자성어폰 때문에 학교를 빼먹었다고요?"

진영이가 기가 막힌 표정으로 물었다.

"아, 이 전화기 이름이 사자성어폰이었어? 어쨌든 고맙다. 최민, 다 네 덕분이야!"

"그게 무슨 말이야?"

"소원을 들어주는 사자성어 말이야."

"혀, 형이 그, 그걸 어떻게 알았어?"

"문자함을 몽땅 뒤져서 읽어 봤지. 죄다 어려운 한자라서 머리에 쥐나는 줄 알았다."

"그래서 문자를 보냈어?"

"내가 우리 집 부자 되게 해 달라고 소원을 보냈거든. 그랬더니 바로 답장이 오던데? 문전성시라나 뭐라나, 방금 우리 엄마한테 전화 왔는데 손님이 엄청 많다고 와서 좀 도와달라는 거 있지. 이거 진짜 신기하다!"

태수 형은 한껏 들뜬 목소리로 말했다.

"우리도 오는 길에 봤어. 문전성시門前成市라면 문 문門, 앞 전前, 이룰 성成, 시장 시市, 찾아오는 사람이 많아 문 앞이 붐빈다는 뜻이잖아."

민이가 말하자 진영이가 무릎을 탁 치며 말했다.

"아하! 이제야 알겠다. 그래서 손님들이 구름 떼처럼 몰려든 거로구나!"

"초미니 여자 친구도 제법인데? 최민, 이렇게 멋진 걸 어디에서 났냐?"

"그건 알 거 없고, 형 소원도 이루어졌으니까 어서 돌려줘! 빨리!"

"미안하지만 그건 안 되겠다. 내가 소원이 좀 많거든. 참, 초미니, 너 혹시 이 전화 충전기 있냐? 배터리가 조금밖에 안 남았던데!"

"충전기는 나도 없어."

"네가 있어도 나한테 줄 리가 없겠지."

"진짜로 없다니까!"

"그래? 그럼 하나 사면 되지 뭐!"

태수 형은 콧노래까지 부르면서 대문으로 걸어갔다.

"돌려주세요! 그거 민이 거잖아요!"

진영이가 태수 형을 가로막으며 소리쳤다.

"야, 초미니 여자 친구! 좋은 말로 할 때 어서 비켜라."

태수 형 앞에 서 있는 진영이는 꼭 고목나무에 매달린 매미처럼 보였다.

"남의 물건을 뺏는 건 도둑이나 하는 짓이잖아요!"

"에이, 짜증 나!"

태수 형이 진영이를 확 밀치더니 대문을 쾅 닫고 나갔다.

"저런 파렴치한破廉恥漢 같으니라고! 이진영, 괜찮아?"

진영이는 분한 표정으로 씩씩거리고 있었다.

"그런데 민아, 파렴치한이 무슨 뜻이야?"

"뻔뻔하기 짝이 없는 사람. 부끄러운 줄도 모르는 사람이라는 뜻이야."

"딱 강태수네."

민이와 진영이는 다시 밖으로 나왔다. 골목길을 터덜터덜 걷고 있는데 동네 아이들이 빙 둘러서서 무언가를 구경하고 있었다.

"무슨 일이지?"

진영이가 쪼르르 달려갔다. 민이도 무슨 일인가 싶어서 아이들 어깨 너머로 발뒤꿈치를 들고 기웃거렸다. 어제 전봇대 밑에서 쓰레기 더미를 뒤지고 있던 바로 그 할아버지였다. 할아버지는 어제처럼 흰 가운을 입고 있었다. 그런데 할아버지 옆에 강아지 모양을 한 로봇이 움직이고 있는 게 보였다.

"할아버지, 이거 로봇 강아지 맞죠?"

어떤 누나가 할아버지한테 물었다.

"와! 이거 어디 가면 살 수 있어요?"

로봇 강아지가 '왈왈' 소리를 내며 아이들을 향해 꼬리를 흔들자 아이들이 환호성을 질렀다.

"우아! 진짜 신기하다. 이거 얼마예요?"

진영이가 할아버지에게 물었다. 그런데도 할아버지는 여전히 대답이 없었다.

"할아버지, 벙어리예요?"

아까 그 누나가 물었다. 그 말에 아이들이 킥킥대고 웃었다. 그 순간 로봇 강아지가 벌떡 일어나더니 사납게 짖어대기 시작했다.

앉아 있을 땐 몰랐는데 덩치가 제법 큰 강아지였다. 로봇 강아지가 짖을 때마다 주둥이 사이로 이빨이 드러났다. 이빨 역시 몸체와 똑같이 철로 만들어졌는지 굉장히 날카롭고 튼튼해 보였다.

그 바람에 겁에 질린 아이들이 주춤거리며 뒷걸음질을 쳤다. 로봇 강아지는 계속 으르렁거리며 뒤로 몇 발짝 물러나는가 싶더니 갑자기 아이들을 향해 펄쩍 뛰어올랐다.

"엄마야!"

아이들이 놀라서 뿔뿔이 흩어졌다.

"야! 이진영, 뭐 해?"

민이도 진영이를 잡아끌며 말했다.

"보트, 앉아!"

할아버지가 처음으로 입을 열었다. 할아버지의 말에 로봇 강아지가 끙 하고 다시 앉았다.

"이름이 보트예요?"

진영이가 할아버지를 올려다보며 물었다.

"성은 로씨고 이름은 보트다."

"크크, 재미있는 이름이네요. 꼭 우리나라 진돗개처럼 생겼어요. 안녕 보트, 반가워!"

진영이가 손을 뻗어 보트의 등을 쓰다듬었다. 민이도 진

영이를 따라 보트를 만져 보았다. 철로 된 등을 쓰다듬자 보트가 납작 엎드려 진짜 강아지처럼 꼬리를 흔들었다. 보드라운 털이 아니라서 기분이 좀 묘했다.

"분명히 이삿짐을 나르는 사람들이 모르고 버린 것 같은데……."

할아버지는 혼잣말로 중얼거리고 있었다.

"할아버지, 뭐 찾으세요?"

진영이가 물었다.

"내가 이사 온 지 얼마 안 돼서 그러는데 너희들 혹시 여기서 사자성어가 나오는 휴대 전화 같은 거 못 봤니?"

할아버지 말에 민이는 가슴이 철렁 내려앉았다.

"아, 아니오."

"그건 위치 추적도 안 되는데, 도대체 어디서 찾나!"

할아버지는 미련이 남는지 계속 쓰레기더미를 뒤적였다.

"야, 최민! 그 전화기……."

진영이가 무슨 말인가 하려고 했다. 민이는 화들짝 놀라 손으로 진영이 입을 막았다.

"에이, 퉤퉤! 최민, 손 좀 씻고 다녀라. 왜 이렇게 짜냐?"

"이제 그만 가자. 그, 그럼, 안녕히 계세요."

민이는 얼른 인사를 하고는 진영이에게 눈짓을 했다. 진영이는 보트랑 더 놀고 싶은 눈치였지만 할 수 없다는 듯 보트에게 인사를 했다.

"보트, 다음에 또 보자."

그러자 보트 입에서 명함 한 장이 불쑥 튀어나왔다.

"보트가 너희 둘이 맘에 들었나 보구나. 거기 내 연구실 주소가 적혀 있을 거야. 시간 나면 한번 놀러 오너라."

할아버지가 말했다.

"진짜요? 고맙습니다. 보트, 또 보자!"

민이는 진영이와 함께 자리를 빠져나왔다.

"최민, 저 할아버지가 사자성어폰 주인 같은데 왜 거짓말을 한 거야?"

"태수 형한테 뺏겼다는 말을 어떻게 해?"

그 말에 진영이는 할아버지가 준 명함을 읽어 보더니 말했다.

"저 할아버지가 도와주실지도 모르잖아. 연구실이 여기서 아주 가까운 것 같아. 지금 가 보자. 응?"

"싫어. 태수 형한테 다시 찾기 전까지는 갈 수 없어."

"치, 나 보트 또 보고 싶은데."

민이는 일단 진영이와 헤어져 태권도 학원으로 향했다.

오늘도 학원에 안 가면 엄마한테 혼날 것 같아서 부리나케 학원으로 달려갔다. 도복으로 갈아입으면서도 머릿속에는 온통 사자성어폰을 찾아올 생각뿐이었다.

"최민, 또 딴 생각이냐!"

정신을 차려 보니 관장님이 민이 앞에 있었다.

"송판 가져가라고 했는데 왜 대답이 없어?"

민이는 머리를 긁적이며 관장님이 나눠 주는 송판을 얼른 받았다.

"거기에 소원을 써도 좋고, 특별히 소원이 없으면 자기가 꼭 고쳤으면 하는 습관 같은 것을 적어도 좋다. 자, 시작!"

아이들은 벌써 송판에 자신의 소원을 적고 있었다. 민이는 같은 반인 준호 옆에 자리를 잡고 앉았다.

준호는 '점심시간에 생선 대가리만 안 나오게 해 주세요.'라고 큼지막하게 적고 있었다.

"생선 대가리가 그렇게 싫었냐?"

민이가 준호에게 물었다.

"그래, 정말 토하는 줄 알았다니까! 최민, 넌 뭐라고 적을 건데?"

민이는 곰곰이 생각하다가 옥편을 꺼내 와 뒤적거렸다.

"일망타진一網打盡."

한 일一, 그물 망網, 칠 타打, 다할 진盡. 그물을 한 번 쳐서 물고기를 잡는 것처럼 민이는 절대막강파 무리를 한꺼번에 잡고 싶다는 바람을 담아 '일망타진'이라고 적었다. 준호가 민이 송판에 적힌 한자를 들여다보더니 말했다.

"이게 무슨 뜻이야? 너 유식한 건 아는데 꼭 이렇게 어려운 한자를 써야겠어?"

관장님도 민이가 쓴 한자를 보더니 무언가 말하려다 입을 굳게 다물었다.

'관장님도 무슨 뜻인지 모르시나?'

드디어 민이 차례가 됐다. 6학년 형 둘이서 양쪽으로 송판을 나눠 들고 멀찌감치 섰다.

"돌려차기로 해 봐!"

관장님의 말에 자세를 취했다. 민이는 태수 형을 생각하면서 주먹을 불끈 쥐었다. 젖 먹던 힘까지 다해 다다다 뛰

사자성어폰의 비밀

어가서 붕 몸을 날렸다. 그런데 아뿔싸! 형들이 송판을 너무 높게 들고 있어서 발이 미처 닿지 않았다.

헛발차기를 한 것만 해도 창피해 죽을 지경인데 바닥에 그만 나동그라져 버렸다. 그러자 구경하던 아이들이 킥킥대고 웃었다.

"민이가 뛸 때는 송판을 밑으로 더 내려."

관장님이 송판을 들고 있던 형들에게 말했다. 민이는 정말이지 자신의 짧은 다리가 원망스러웠다.

"이번이 마지막이야. 정신 똑바로 차리고 다시 해 봐!"

민이는 일망타진이라고 적어 놓은 송판을 뚫어져라 노려보았다. 그러자 반드시 사자성어폰을 되찾겠다는 결심이 솟구쳐 올랐다. 힘찬 기합 소리를 내지르며 공중으로 붕 날아올랐다. 마침내 돌려차기에 송판이 산산조각이 났다. 박수 소리를 들으니까 기분이 좋아졌다.

"아얏!"

그런데 관장님이 갑자기 머리에 꿀밤을 먹이는 게 아닌가? 민이는 너무 세게 맞아서 별이 다 보일 정도였다.

"최민! 누가 발가락으로 차라고 했냐? 발을 끝까지 밀어서 힘 있게 차라고 했지!"

민이는 얼떨떨한 표정으로 관장님을 쳐다보았다.

'분명히 발등으로 찼는데…….'

민이는 억울해서 눈물이 찔끔 나왔다. 그리고 보니 오늘따라 관장님 기분이 몹시 안 좋은 것 같았다.

"모두 집합!"

관장님의 말에 운동을 하던 아이들이 모두 동작을 멈추고 한자리에 모였다.

"지금부터 겨루기를 해 보겠다. 너희 텔레비전에서 격투기 하는 거 봤지? 격투기처럼 실제로 겨루기를 해 보는 거다. 그동안 배운 기술을 다 써서 상대방을 쓰러뜨려야 한다. 알겠나?"

"관장님, 진짜로 때려도 된다고요?"

한 아이가 묻자 관장님이 고개를 끄덕거렸다. 그 말에 아이들의 눈이 휘둥그레졌다. 준호가 민이의 옆구리를 쿡쿡 찌르더니 귀에 대고 속삭였다.

"관장님. 오늘따라 좀 이상하지 않아? 뭘 잘못 드셨나? 혹시 관장님도 생선 대가리 조림 드신 거 아냐?"

"조용!"

아이들이 웅성거리는 소리에 관장님이 버럭 소리를 질렀다. 준호도 움찔거리며 입을 다물었다.

"너희들도 약육강식弱肉强食이란 사자성어를 들어 봤을 거다. 정글에서 힘센 동물이 왕이 되듯이 사람도 마찬가지이다. 특히 요즘 같은 때는 더욱 그렇다. 강한 자만이 살아남을 수 있다는 뜻이다. 그러니까 무엇보다 힘을 길러야 한다. 알겠나?"

"네에……."

아이들이 모기만 한 목소리로 대답하자 관장님이 도장이 떠나가도록 소리를 질렀다.

"대답이 왜 이렇게 작아? 다시, 모두 알아들었나?"

"네!"

아이들은 그제야 도장 안이 쩌렁쩌렁 울리도록 큰 소리로 대답했다.

이윽고 겨루기가 시작됐다. 원래는 겨루기를 할 때 상대방의 얼굴을 직접 때리지 않는 것이 원칙이었다. 아이들이 우물쭈물 망설이고 서 있자 관장님이 소리를 버럭 질렀다.
"절대로 봐주지 마라. 알겠나!"
오늘따라 관장님의 얼굴이 마치 뿔난 도깨비처럼 보였다. 처음엔 꾸어다 놓은 보릿자루처럼 서 있던 아이들도 상대방한테 한 대 맞고 나더니 표정이 싹 달라졌다. 자기가 맞지 않기 위해서는 상대방을 때릴 수밖에 없다는 사실을 깨달은 것 같았다.
시간이 지날수록 힘없고 약한 아이

들이 속수무책으로 당하기 시작했다. 순식간에 도장 안이 아수라장으로 변해 버렸다. 여기저기서 울음소리가 들리고 심지어 코피를 흘리는 아이도 있었다. 민이는 정신없이 주먹을 휘두르고 있는 준호에게 다가갔다.

"김준호, 너 왜 이래? 그만해."

민이는 준호를 말리려고 다가섰다.

"저 녀석이 먼저 때렸단 말이야."

하마터면 준호의 주먹에 민이까지 맞을 뻔했다. 장난이 심하긴 해도 파리 한 마리도 못 죽이는 준호가 남을 때리는 건 민이도 처음 보는 일이었다.

말릴 생각도 하지 않고 팔짱을 낀 채 구경만 하는 관장님도 이상했고, 관장님이 말한 약육강식이란 사자성어가 자꾸 마음에 걸렸다.

'아무래도 밖으로 나가서 무슨 일이 생긴 건지 알아봐야겠어.'

민이는 도장을 빠져나가기 위해 문 쪽으로 살금살금 걸어갔다. 바로 그때 누군가 민이를 향해 달려들었다. 허걱!

하필이면 태권도 학원에서 제일 센 형이었다. 형은 붕 날아오르더니 발차기를 날렸다. 순간, 민이는 몸을 납작 엎드렸다.

"으악!"

그 바람에 형이 외마디 비명을 지르며 바닥에 쿵 나가떨어졌다.

'크크. 내가 몸집은 작아도 행동은 빠른 편이라는 걸 몰랐나 보지? 뭐, 태권도 4단도 별 거 아니네.'

민이는 성난 멧돼지처럼 씩씩거리며 쫓아오는 형을 피해 잽싸게 도장 문을 열고 밖으로 도망쳤다. 그런데 길을 나서자마자 사방에서 요란한 소리가 들려왔다. 민이는 깜짝 놀라서 주위를 살펴보았다.

사람들이 길거리에서 서로 삿대질을 해대며 싸우고 있었다. 도로 위도 시끄럽기는 마찬가지였다. 운전을 하다 말고 나와서 싸우는 사람들 때문에 차들이 서로 엉켜서 오도 가도 못하고 계속 빵빵대고 있었다.

민이는 정신을 차리고 진영이네 집을 향해 뛰기 시작했

다. 빨리 진영이한테 이 사실을 알려야 할 것 같았다.

"아줌마, 내가 콩나물 천 원어치 달라고 했잖아요!"

"아니, 이 여편네가 미쳤나. 분명히 이천 원 어치 달라고 해 놓고 이제 와서 돈으로 바꿔 달라니!"

시장도 이미 난장판으로 변해 있었다. 보통 때에는 싱글벙글 잘도 웃던 시장 아줌마들까지 손님하고 머리끄덩이를 잡아당기며 싸우고 있었다. 진영이네 집으로 가는 동안에도 사람들이 군데군데 모여서 불구경이라도 하듯이 싸움 구경을 하고 있었다. 민이는 진영이네 집 현관문을 쿵쿵 두드렸다.

"깜짝 놀랐잖아. 초인종을 눌러야지!"

진영이가 문을 열면서 말했다.

"진영아, 태수 형이 또 소원을 보냈나 봐. 사람들이 이상해졌어. 서로 싸우고 난리도 아니야."

"어른들이 싸우는 게 뭐가 이상해? 그럴 수도 있지!"

"그 정도가 아니라니까! 넌 지금 이 소리가 안 들려?"

"무슨 소리?"

진영이는 창문으로 가서 바깥을 내려다보았다.

"어머머! 저기 왜 저래? 단체로 싸움이 붙었네!"

"여기만 그런 게 아니야. 태권도 학원도 그렇고, 시장, 길거리 할 것 없이 사람들이 치고 박고 싸우고 있다니까!"

"빨리 경찰서에 신고하자!"

진영이가 말했다.

"그런다고 해결될 일이 아니야. 태수 형이 사자성어폰으로 말도 안 되는 소원을 보낸 게 분명해."

"그럼, 민아. 우리 그 할아버지한테 한번 가 보자. 응?"

민이는 진영이의 말에 망설이다가 고개를 끄덕였다. 이제는 정말 그 방법밖에는 없을 것 같았다.

"잠깐만 기다려. 내가 얼른 명함 갖고 나올게."

사자성어폰의 비밀

연구실은 민이네 동네에서 그리 멀지 않은 곳에 있었다. 민이와 진영이는 명함 뒷장에 그려진 약도를 보면서 할아버지의 연구실을 찾아갔다. 골목 안쪽 허름한 건물 벽에 '오박사 연구소'라는 작은 간판이 달려 있었다.

"에계계. 연구실이 뭐 이래? 사자성어폰 주인이라면 엄청 멋진 연구소에서 일할 거라고 생각했는데……."

진영이가 실망한 표정으로 말했다.

"아무도 없나?"

진영이가 문에 귀를 바짝 대 보았다. 안에서 보트가 짖는

소리가 들렸다.

"우아, 보트다. 보트야, 내 목소리 기억하지?"

진영이가 말하자 보트가 대답이라도 하듯이 왈왈 짖었다. 민이는 문 밖에서 큰 소리로 말했다.

"오 박사님께 빨리 전해 줘. 우리가 급하게 만나 뵐 일이 있다고!"

잠시 뒤 연구실 문이 열렸다. 보트는 우리를 보자 반갑다는 듯 꼬리를 흔들었다.

"보트야, 너는 어쩜 이렇게 진짜 강아지 같니? 민아, 나도 이런 로봇 강아지 한 마리 있으면 좋겠다."

진영이가 보트와 반갑게 인사를 하는 동안 민이는 조심스럽게 계단을 내려갔다. 연구실은 지하에 있었다. 할아버지는 이사하고 나서 아직 정리를 하지 않은 것 같았다. 종이 박스에 담긴 짐들이 한쪽 벽면에 높다랗게 쌓여 있었고, 가구라고는 구석에 커다란 책상 하나만 덩그러니 있을 뿐이었다.

"보트, 할아버지는 어디 계셔?"

민이는 보트를 돌아보며 물었다. 그러자 보트가 연구실 한 쪽에 나 있는 문을 보며 왈왈 짖었다.

"저기 방에 계시나 봐!"

진영이가 보트랑 놀면서 말했다. 민이는 책상 의자에 걸터앉았다. 책상 위도 지저분하기는 마찬가지였다. 책상 위에 널린 책들을 치우자 투명하고 네모난 거울이 나타났다.

'어? 이게 뭐지? 왜 책상에 거울을 붙여 놓았지?'

민이는 고개를 갸웃거리며 거울을 가만히 들여다보았다. 길게 자란 귀밑머리에 안경을 쓰고 있는 얼굴이 나타났다.

'음, 이만하면 잘 생겼지?'

그때 거울에 비친 민이의 얼굴이 점점 사라지더니 명경지수明鏡止水란 사자성어가 떴다. 밝을 명明, 거울 경鏡, 그칠 지止, 물 수水. 맑은 거울과 고요한 물이란 뜻의 사자성어가 말이다.

'뭐야, 갑자기 거울에 왜 이 한자가 보이는 거지? 그럼 이게 거울이 아니라 컴퓨터였나?'

민이는 명경지수라는 사자성어를 손가락으로 툭 쳤다.

그러자 다음과 같은 말이 나왔다.

"부디 헛된 욕심을 품지 말고 맑고 고요한 마음을 가지세요."

자세히 들여다보니 그건 거울이 아니라 책상에 평면으로 설치되어 있는 컴퓨터였다. 컴퓨터 화면에는 여러 가지 아이콘들이 보였다. 민이는 그중에서 전쟁이라는 아이콘을 눌러 보았다. 그러자 한눈에 보기에도 어려운 사자성어들이 작은 아이콘 모양으로 나왔다.

건곤일척乾坤一擲, 생사를 건 일대모험.
경적필패輕敵必敗, 적을 깔보면 반드시 진다.
중과부적衆寡不敵, 숫자가 적은 쪽은 많은 쪽을 당해 낼 수 없다.
소탐대실小貪大失, 작은 것을 탐하다가 큰 것을 잃음.

민이는 그중에서 건곤일척이라는 사자성어를 눌러 보았다. 그러자 이내 영화 속 한 장면처럼 동영상이 나타났다.

"이진영, 빨리 와 봐!"

민이는 진영이를 다급하게 불렀다.

배경은 아프리카의 어느 마을 같았다. 그런데 어디선가 '두두두두' 요란한 총소리가 들리더니 폐허가 된 집 더미 속에서 아이 한 명이 뛰쳐나왔다. 아이는 공포에 질린 나머지 부들부들 떨고 있었다.

화면 가득 겁에 질린 아이의 눈동자가 잡히자 그 공포가 고스란히 민이와 진영이에게도 전해지는 것 같았다.

"그건 보면 안 돼!"

민이는 깜짝 놀라 뒤를 돌아보았다. 할아버지가 몹시 화가 난 표정으로 서 있었다.

"남의 것을 함부로 보면 안 된다는 것쯤은 알고 있을 텐데!"

할아버지의 말에 민이는 얼른 컴퓨터를 껐다.

"죄, 죄송해요."

"그래, 여긴 무슨 일로 왔지? 보트를 보러 온 게냐?"

할아버지는 진영이를 바라보면서 다시 물었다.

"아뇨……. 오, 오박사님을 만나러 왔어요."

"오박사는 내 이름이다. 그냥 할아버지라고 불러라!"

"그럼, 성이 오씨고 이름이 박사라고요?"

진영이가 물었다.

"그래!"

진영이가 킥킥거리며 웃었다. 오박사와 로보트, 민이도 웃음이 나오려는 것을 억지로 참았다.

"일단 앉아라."

민이와 진영이는 할아버지가 내주는 의자에 조심스레 앉았다.

"저……, 사자성어폰이요."

민이 말이 끝나기가 무섭게 할아버지가 자리에서 벌떡 일어났다.

"네가 사자성어폰을 어떻게 알지?"

"사실은 전봇대 앞 쓰레기 더미에서 제가 주웠어요."

"역시 그랬구나. 여기로 이사 오는 날 이삿짐 나르는 사람들이 실수로 버렸을 거라고 생각했거든."

"죄송해요. 지난번엔 제가 거짓말을 했어요."

"이제라도 사실대로 얘기했으니 괜찮다. 그래 사자성어폰은 어디 있니?"

할아버지는 몹시 들뜬 표정으로 물었다.

"저, 그게요."

민이가 차마 대답을 하지 못하고 우물쭈물하자 진영이가 옆에서 대신 말했다.

"강태수란 오빠가 강제로 빼앗아 갔어요."

"뭐라고? 강태수가 누구냐?"

"우리 학교를 꽉 잡고 있는 절대막강파 대장이에요."

"절대막강파? 그게 뭐냐?"

"만날 애들한테 돈이나 빼앗고 나쁜 짓만 골라하는 형들이에요. 한 마디로 오합지졸의 무리들이죠."

민이도 모르게 오합지졸烏合之卒이란 사자성어가 불쑥 튀어나왔다. 어중이떠중이라는 뜻의 사자성어가 말이다. 이제는 자신도 모르게 자꾸만 모든 일에 사자성어를 떠올리는 버릇이 생긴 것 같았다.

"큰일 났구나. 그렇게 욕심 많은 사람 손에 사자성어폰이 들어가면 안 되는데!"

"안 그래도 지금 사람들이 좀 이상해요. 태권도장에 관장님도 뿔난 도깨비처럼 변해서 아이들을 치고 박고 싸우게 하더니 말릴 생각도 안 하더라고요. 그래서 밖으로 도망쳐 나왔는데 길거리에는 차들끼리 엉켜서 싸우고 있고, 어른들도 서로 삿대질하면서 싸우고 있었어요."

민이의 말을 들은 할아버지의 얼굴이 하얗게 질렸다. 할아버지는 의자에서 일어나 연구실 안을 서성이기 시작했다.

"큰일이야. 불길한 징조가 틀림없어!"

할아버지는 몹시 걱정스러운 모양이었다.

"제가 무슨 일이 있어도 다시 꼭 찾아 드릴게요."

민이는 기어 들어가는 목소리로 말했다. 그러자 옆에 있던 진영이가 물었다.

"참! 오 박사님, 아니, 할아버지! 여쭤 볼 게 있는데요. 할아버지가 사자성어폰을 만드신 건가요?"

할아버지는 한동안 말이 없다가 이윽고 입을 열었다.

"아니다. 나는 우주에서 오는 메시지를 연구하는 과학자였다. 그런데 십여 년 전, 어느 날 갑자기 마른하늘에 날벼락이 떨어지듯 쨍쨍한 날씨에 번개가 치던 날이 있었다. 그날 연구실에 있던 내 휴대 전화에 우연히 교신이 잡혔단다. 바로 소원이 이루어지는 사자성어였지. 그때부터는 통화도 되지 않았지만 그 전화기를 버리지 않고 계속 연구를 해

온 거란다."

"그럼, 문자가 어디에서 오는 건지 알아 내셨어요?"

민이가 물었다. 할아버지는 헛기침을 몇 번 하더니 고개를 저었다. 민이와 진영이는 동시에 실망한 표정을 지었다.

"아니, 흠……. 하지만 확실한 건 그들은 지금 게임을 하고 있는 중이야. 소원을 보내면 답문자로 받는 사자성어와 똑같은 일이 생긴단다."

"저도 알아요. 사자성어 문자를 몇 번 받아 봤어요."

민이는 할아버지에게 그동안 받은 사자성어들과 그로 인해 일어났던 놀라운 일에 대해 말했다. 민이의 얘기가 끝나자 할아버지가 말했다.

"사자성어폰은 소원만 들어주는 게 아니다. 문제는 사람의 마음까지 점점 조종할 수 있게 된다는 거다. 강태수란 아이가 욕심을 부리면 부릴수록 세상은 점점 엉망으로 변할 게 분명한데……. 네 이름이 민이라고 했지? 최민!"

할아버지의 말에 민이가 고개를 끄덕였다.

"할아버지, 왜 민이랑 저는 아무렇지도 않죠? 우리도 서로 싸워야 되는 거 아니에요?"

진영이가 할아버지에게 물었다.

"마음이 착하고 곧은 사람들은 그 어떤 것에도 영향을 받지 않지. 그러니 다시 사자성어폰을 찾게 되면 절대로 욕심을 부려서는 안 된다. 욕심을 갖게 되는 순간 사자성어폰이 너희들의 마음을 조종하려고 들 게야."

민이는 고개를 끄덕이며 말했다.

"저희가 사자성어폰을 꼭 찾아올게요."

그러자 할아버지는 몹시 걱정스러운 표정을 지었다.

"너희 힘만으로는 사자성어폰을 되찾아 오기는 무리일 것 같구나. 보트를 데려가거라."

"보트를요?"

민이와 진영이가 동시에 물었다.

"나는 이제 늙어빠진 몸이라 너희 대신 싸워 주진 못할 테지만 보트는 여러모로 큰 도움이 될 게야."

둘은 일단 보트를 데리고 학교로 가 보기로 했다.

"이진영, 좀 이상하지 않아? 할아버지는 이렇게 놀라운 걸 왜 혼자만 알고 계셨던 걸까?"

민이는 걸어가면서 진영이에게 물었다.

"그러게 말이야. 사자성어폰만 있으면 부자가 되는 건 식은 죽 먹기였을 텐데! 이렇게 허름한 곳으로 이사 온 것도 좀 이상해."

진영이의 말에 문득 아까 할아버지 컴퓨터에서 본 동영상이 떠올랐다. 할아버지는 뭔가 숨기고 있는 눈치였다.

'할아버지도 사자성어폰의 비밀에 대해 정말 모르고 있는 걸까?'

학교 앞에 도착했을 때 교문 앞에 아이들이 모여 웅성이고 있는 게 보였다. 아이들을 비집고 가까이 가자 교문 기둥에 대문짝만 하게 적힌 글씨가 보였다.

'축! 서울초등학교 전교 회장 강태수'

세상에 이럴 수가! 민이는 눈을 비비고 다시 한 번 읽어 보았다.

"우리 학교 전교 회장은 따로 있잖아. 투표로 뽑힌 6학년 언니 말이야. 그런데 그 언니를 제치고 중간에 강태수가 전교회장이 되는 게 말이 돼?"

진영이가 기가 막힌 표정으로 말했다.

"아무래도 태수 형이 계속 이상한 소원을 보내는 게 틀림없어."

운동장 저편에서 교장 선생님과 서 있는 태수 형이 보였다. 형이 교장 선생님과 악수를 하고는 민이가 서 있는 쪽으로 걸어왔다.

"보트, 내 뒤에 숨어!"

진영이가 보트에게 속삭였다.

"야! 초미니, 너 마침 잘 만났다."

거들먹거리며 걸어오던 태수 형이 민이를 보더니 웬일로 반가운 표정을 지었다.

"너, 사자성어폰 충전하는 법 정말 몰라? 배터리가 떨어지려고 한단 말이야."

태수 형이 민이를 잡아끌더니 귓속말로 말했다.

"정말 모른다니까, 그런데 태수 형, 형이 어떻게 전교 회

장이 된 거야?"

"묻는 말에나 대답해. 내가 휴대 전화 가게를 다 돌아다 녔는데 하도 옛날 거라 맞는 충전기가 없대."

그때 옆에 있던 진영이가 말했다.

"이건 무효예요. 투표도 안 하고 전교 회장이 된 적은 한 번도 없었다고요."

진영이의 말에 태수 형의 표정이 싹 변했다.

"얜 또 누구냐?"

절대막강파와 함께 있던 깐죽이 형이 다가와 물었다.

"초미니 여자 친구야."

태수 형이 대답하자 깐죽이 형이 피식 웃으며 말했다.

"정말 끼리끼리 논다. 난쟁이 부부 같지 않냐? 나중에 둘이 결혼하면 되겠다."

그 말에 나머지 형들이 박장대소했다. 진영이가 깐죽이 형을 째려보더니 갑자기 소리쳤다.

"보트, 좀 혼내 줘!"

그러자 진영이 뒤에 숨어 있던 보트가 모습을 드러냈다.

사자성어폰의 비밀 121

"이건 또 뭐야? 로봇 강아지 아니야? 장난감 가게에서 사 왔냐?"

깐죽이 형이 깐죽거리며 말했다.

"보트를 얕보다가는 큰 코 다칠걸! 이건 평범한 로봇 강아지가 아니라고!"

진영이의 말에 절대막강파들이 보트를 빙 에워싸고 구경을 했다.

"야, 짖어 봐!"

형들이 보트를 놀리자 보트의 눈빛이 매섭게 변했다.

"너 오줌도 쌀 줄 아냐?"

깐죽이 형의 말에 다른 형들이 키득키득 웃었다. 그때 보트가 다리를 척 들어 올리더니 깐죽이 형의 얼굴에 대고 물대포를 발사했다.

"뭐야? 이 강아지는!"

깐죽이 형이 보트에게 달려드는 순간, 보트가 깐죽이 형의 다리를 물었다.

"야, 이거 안 놔!"

깐죽이 형이 버둥거리자 그만 바지가 훌러덩 벗겨졌다. 구경하고 있던 아이들이 이 광경을 보고 배꼽이 빠져라 웃어댔다.

그런데 이상한 일이 일어났다. 기운차게 뛰어다니던 보트가 갑자기 동작을 뚝 멈추고는 꼬리를 축 늘어뜨리는 게 아닌가? 보트는 어기적어기적 맥없이 걸어가더니 교문 옆에 있는 수위실로 쏙 들어가 버렸다.

"보트, 왜 그래?"

진영이가 수위실 문을 열고 보트를 불렀지만 소용이 없었다.

"저 안에 누가 있는 거 아니야?"

민이는 수위실 문을 열고 안을 휘휘 둘러보았다. 안에는 아무도 없었다. 진영이와 민이가 아무리 불러 보아도 보트는 건전지를 빼 버린 장난감처럼 꼼짝도 하지 않았다.

"그래도 소용없을걸? 내가 문자를 보냈거든. 가뜩이나 배터리가 없어서 아껴서 쓰려고 했는데 저 강아지가 하도 난리를 치는 바람에……."

사자성어폰의 비밀 123

태수 형이 민이 옆으로 오더니 목소리를 낮추고 말했다.

"사자성어가 뭐라고 왔는데 보트가 이렇게 된 거야?"

민이는 태수 형에게 소리를 질렀다.

"나도 몰라. 저 강아지 좀 가만히 있게 해 달라고 소원을 보냈는데 또 어렵게 왔네. 번번이 왜 어려운 사자성어로만 문자가 오는 거야? 최민, 네가 한번 읽어 봐라."

태수 형이 민이에게 폰을 건네주며 말했다.

"두문불출杜門不出? 막을 두杜, 문 문門, 아니 불不, 날 출出! 문을 닫고 밖에 나오지 않는다는 뜻이잖아!"

"크크크, 참 좋은 뜻이다."

태수 형이 쌤통이라는 듯이 웃었다. 민이는 사자성어폰을 손에 쥐고서 진영이에게 눈짓을 했다. 그러자 진영이도 알아들었는지 고개를 끄덕였다. 민이는 눈치를 보다가 태수 형을 밀치고 바람같이 달려 나갔다.

"이진영, 빨리!"

민이는 진영이를 잡아끌었다. 둘이는 교문을 빠져나가 정신없이 뛰었다. 휴대 전화에서 이상한 소리가 들렸다. 배

터리가 거의 떨어졌는지 휴대 전화 화면이 깜빡거리기 시작한 것이다. 얼마 못 가 달리기가 느린 진영이가 깐죽이 형에게 붙잡혔다.

"야, 초미니. 설마 네 여자 친구를 버리고 가진 않겠지?"

깐죽이 형이 진영이를 붙잡고 소리쳤다.

"민아, 소원을 보내 봐!"

진영이 말에 정신이 퍼뜩 났다. 잽싸게 사자성어폰을 열었다. 그런데 문자를 보내려는데 바로 그 순간 '삐리리리' 소리가 나면서 전원이 꺼져 버렸다.

"어쩌지? 배터리가 다 됐나 봐!"

그 말에 진영이 얼굴이 하얗게 질렸다.

"초미니, 안됐다. 전화기가 꺼져서 소원도 못 보내게 됐구나. 하하!"

태수 형이 비아냥거리면서 다가왔다. 순간 오박사 할아버지가 떠올랐다. 할아버지한테 충전기가 있을 텐데. 왜 진작 그 생각을 하지 못한 걸까?

"진영아, 잠깐만 기다려. 꼭 돌아올게!"

그리고 할아버지 연구실을 향해 정신없이 달리기 시작했다. 정말 사자성어폰이 생기고 나서부터는 왜 이렇게 뛰는 일이 많이 생기는지 모르겠다.

"빨리 사자성어폰 내 놔!"

태수 형이 쫓아오면서 소리쳤다. 민이는 진영이를 생각하면서 더 빠른 속도로 달렸다. 발바닥에 땀이 나도록 뛰어서 한참 만에 태수 형을 따돌릴 수 있었다. 요 며칠 동안 뛰어다닌 거리를 계산해 보면 아마 운동장 백 바퀴는 넘을 것 같았다.

"할아버지, 진영이와 보트 둘 다 위험해요! 진영이는 절대막강파한테 잡혀 있고요. 보트는 사자성어 문자 때문에 두문불출하고 있다고요!"

연구실에 도착하자마자 민이는 숨 돌릴 틈도 없이 말을 쏟아 냈다.

"뭐라고?"

민이는 할아버지에게 그동안 일어났던 일에 대해 모두

설명했다.

"사자성어폰을 빨리 충전해야 돼요. 아니면 둘 다 위험하다고요!"

그러자 할아버지가 깊은 한숨을 내쉬며 말했다.

"너 사필귀정事必歸正이라는 사자성어를 아니?"

"사필귀정이요?"

"모든 것이 반드시 바른 이치로 돌아간다는 뜻의 사자성어란다. 옳지 않은 것은 오래 못 간다는 뜻이기도 하지."

할아버지는 민이더러 책상 의자에 앉으라며 손짓을 했다. 동영상을 몰래 보다가 혼이 났던 터라 주춤거리고 서 있자 할아버지가 말했다.

"민이, 네가 봐야 할 것이 있어. 지금까지 그 누구에게도 털어놓지 못한 얘기다."

할아버지가 무슨 얘기를 할지 민이는 가슴이 두근거렸다. 민이가 의자에 앉자 할아버지가 책상 위에 쌓여 있는 책들을 치웠다. 그러자 전에 본 거울처럼 반짝이는 모니터가 나왔다.

"명경지수明鏡止水, 내가 제일 좋아하는 사자성어란다. 맑은 거울과 고요한 물처럼 마음을 차분히 가라앉히면 그 전에 보이지 않던 것들을 볼 수 있지."

할아버지가 쭈글쭈글 주름진 손가락으로 천천히 명경지수란 사자성어를 누르자 지난번에 보았던 여러 가지 아이콘들이 나타났다. 돈과 전쟁, 그리고 꿈이라고 적힌 아이콘 중에 할아버지는 먼저 돈이라고 적힌 아이콘을 눌렀다.

"나는 이 사자성어폰으로 어마어마한 부자가 됐었다. 으

리으리한 집과 연구실, 최고급 자동차까지. 단번에 천금을 움켜쥔다는 뜻의 일확천금, 말 그대로 힘들이지 않고 한 번에 많은 재물을 얻게 된 거지."

그때 모니터에서 일확천금一攫千金이라는 사자성어가 나타났다. 할아버지가 그 사자성어를 누르자 동영상이 나왔다. 복권에 당첨돼서 기뻐하는 할아버지, 수영장이 딸린 큰 집에서 함박웃음을 짓고 있는 할아버지의 모습이 보였다.

"즐거웠던 순간도 잠시, 내가 잘못 보낸 소원 때문에 전쟁이 일어났단다."

"네?"

"나를 아주 괴롭히는 사람이 한 명 있었어. 난 그 사람만 없어지면 내 인생이 편해질 것 같았다."

할아버지의 말에 민이는 태수 형을 떠올렸다. 민이한테는 태수 형이 바로 그런 사람인데. 민이도 태수 형만 없어지면 날아갈 것 같은데 말이다. 이번에는 할아버지가 전쟁이라고 적힌 아이콘을 클릭했다.

"그 사람이 아프리카로 출장을 떠났을 때 난 그 사람이 우리나라에 돌아오지 못하게 해 달라는 문자를 보냈다. 그 문자 때문에 전쟁이 일어났고 사람들이 끔찍하게 죽어 가는 걸 보면서 나는 땅을 치면서 후회했지. 그걸 막아 보려고 온갖 소원을 다 보내 봤지만 한 번 시작된 전쟁을 막을 수가 없었어. 오히려 한꺼번에 네 개나 되는 사자성어가 왔는데, 건곤일척乾坤一擲, 경적필패輕敵必敗, 중과부적衆寡不敵, 소탐대실小貪大失 모두 이런 사자성어들뿐이었지."

할아버지는 괴로운 듯 두 눈을 꼭 감았다.

"저도 컴퓨터에서 그 사자성어들을 봤어요. 그럼 그 분은 어떻게 되셨나요?"

"그 난리 통에 행방불명이 됐지. 난 그날 이후부터 밤마다 총 쏘는 소리, 사람들이 울부짖는 소리 같은 끔찍한 환청에 시달리게 되었어. 그래서 사자성어폰에 모든 것을 처음으로 되돌려 달라는 소원을 보냈더니……."

"사필귀정! 아까 말씀하신 사필귀정이라는 사자성어가 온 거죠?"

"그래, 내 소원대로 전쟁은 끝이 났고 그 사자성어를 마지막으로 대궐 같은 집과 차, 연구소까지 모두 한순간에 날려 버리고 이곳으로 오게 되었단다."

할아버지가 동영상을 누르자 전에 민이가 본 장면이 또다시 나왔다. 아이가 울고 있는 장면 다음으로 피비린내 나는 전쟁이 펼쳐졌다. 하늘에는 헬리콥터와 전투기들이 날아다니고 땅 위에서는 엄청나게 큰 탱크들이 돌진해 오고 있었다.

사람들은 피투성이가 된 채 울부짖고 있었고 겁에 질린 표정으로 도망치는 사람들도 부지기수였다. 민이는 차마 눈을 뜨고 볼 수 없어서 그만 눈을 질끈 감고 말았다.

"할아버지, 처음에 나왔던 저 아이는 어떻게 됐어요?"

"부모를 잃었지. 내가 보낸 문자 하나 때문에……."

할아버지는 비통한 표정으로 말했다. 민이는 할아버지가 너무 슬퍼하는 것 같아서 얼른 화제를 다른 쪽으로 돌렸다.

"그럼 이 꿈은 뭐예요?"

민이는 꿈이라는 아이콘을 가리키며 물었다.

"이 교신이 어디서 오는지만 알아내면 아인슈타인에 버

금가는 놀라운 발견을 하게 되는 거야. 누가 이런 문자를 보내는지 그 정체를 밝혀 낼 수만 있다면 노벨상도 탈 수 있을 게다. 이 전쟁이 시작되기 전만 하더라도 그건 내 꿈이었단다. 그래서 그 누구에게도 사자성어폰의 비밀을 털어놓을 수가 없었단다."

"지금이라도 늦지 않았어요. 제가 사자성어폰을 되찾아오면 다시 연구를 시작하시면 되잖아요."

"민이 네가 그걸 밝혀내면 되겠구나. 넌 영특한 아이라 내 대신 꿈을 이룰 수 있을 것 같구나."

할아버지는 민이를 지긋이 바라보며 말했다.

"사실 제 꿈도 이다음에 커서 과학자가 되는 거예요. 아니면 한자 선생님이거나. 이 사자성어폰 때문에 다시 한자가 좋아졌거든요."

민이는 머리를 긁적이며 말했다.

"그래, 무엇을 하든지 네가 가장 좋아하는 일을 하면 되는 거란다."

할아버지는 책상 서랍을 열고 무언가 꺼내더니 민이에게

건네주었다.

"여분으로 남겨 놓은 배터리다. 가져가서 쓰도록 해라. 그리고 잊지 마라! 사필귀정 말고는 원상태로 돌릴 수 있는 방법이 없다는 걸 말이다."

모든 것은 반드시 바른길로 돌아간다

민이는 연구실에서 나오자마자 할아버지가 준 배터리를 새로 끼웠다. 그러자 사자성어폰에 '반짝' 하고 불이 들어왔다. 마치 친구를 오랜만에 만났을 때처럼 반가운 기분이 들었다. 제일 먼저 보낸 문자함을 열어 보았다.

 우리 집 부자 되게 해 주세요.

 내가 이 세상에서 제일 강한 사람이 되게 해 주세요.

형이 보낸 소원을 차례차례 훑어보니 태수 형이 슈퍼맨이 안 된 게 다행일 정도였다. 마지막 소원은 '보트'에 관한 것이었다.

✉️ 저 로봇 강아지를 꼼짝 못 하게 해 주세요.

이제야 보트가 수위실에 들어가 두문불출하고 있는 이유를 알 것 같았다. 이번에는 받은 문자들을 살펴보았다.

약육강식弱肉强食
유아독존唯我獨尊
안하무인眼下無人
아비규환阿鼻叫喚

민이는 옥편을 꺼내들고 하나 하나 음과 훈을 찾아보았다. 약육강식 사자성어를 들먹거리면서 격투기를 시켰던 태권도 관장님이 떠올랐다. 유아독존은 세상에서 자기 혼자 뽐낸다는 뜻이고, 안하무인은 다른 사람들을 업신여긴다는 뜻. 전쟁이 일어났을 때 할아버지가 받았던 문자처럼 네 개의 사자성어가 동시에 와 있었다.

태수 형의 소원 때문에 인해 점점 세상이 이상하게 변하고 있는 게 분명했다. 힘센 사람들이 약한 사람을 괴롭히는

것도, 자기밖에 모르고 이기적으로 변하는 것도, 그리고 태수 형이 전교 회장이 된 이유까지도. 그런데 아비규환 사자성어의 뜻은 더 무서웠다. 지옥의 고통을 못 참아 울부짖는 소리. 문득 전쟁 동영상에서 본 끔찍한 장면이 떠올랐다.

'큰일이야. 세상이 점점 지옥처럼 변할지도 몰라. 이 모든 것을 나 혼자 막을 수 있을까?'

학교에 도착했을 때 운동장은 텅 비어 있었다. 아이들 하나 없이 먼지만 폴폴 날리고 있는 운동장을 보자 기분이 이상해졌다. 민이는 주위를 둘러보다가 교문 앞 수위실 문에 붙어 있는 쪽지를 발견했다.

'초미니! 이걸 보는 즉시, 학교 뒤에 있는 공원으로 와라. 만약 오지 않으면 진영이는 죽은 목숨이다.'

민이는 쪽지를 떼서 주머니에 구겨 넣고 수위실 안으로 들어갔다.

"아이고, 깜짝이야!"

수위 아저씨가 자장면을 먹다 말고 화들짝 놀랐다. 수위 아저씨는 수위실 안에서도 커다란 선글라스를 끼고 있었다.

"너는 왜 집에 안 가고 돌아다니는 거냐?"

아저씨가 입에 자장이 묻은 채로 물었다.

"저, 혹시 로봇 강아지 못 보셨어요?"

"저거?"

아저씨가 가리키는 곳에는 보트가 죽은 듯이 엎드려 있었다. 민이는 다가가 보트를 흔들어 보았다.

"보트, 가자!"

보트는 축 쳐져서 꼼짝도 하지 않았다.

"문을 열고 들어왔더니 저놈이 떡 하니 버티고 있더라. 아무리 쫓아내려고 해도 나가지도 않고 지금까지 저러고 있다. 장난감 강아지가 짖기도 하고 꼬리도 흔드는 게 신기해서 이따가 우리 아들 갖다 주려고 했지."

민이는 강제로 보트를 끌고 나가려고 했지만 보트는 꿈쩍도 않고 버티고 서 있었다. 민이는 하는 수 없이 사자성어폰을 꺼내 소원을 보냈다.

사자성어폰의 비밀 139

✉️ 보트를 자유롭게 움직이게 해 주세요.

소원 문자를 찍는데 옆에서 수위아저씨가 말했다.

"너도 빨리 집에 가라. 오늘 애들이 하도 싸워서 학부모들까지 학교에 쫓아오고 난리도 아니었다. 수위 생활 십 년 동안 운동장에서 단체로 뒤엉켜서 싸우는 건 또 처음 봤다."

"아저씨는 괜찮으세요?"

"아이고, 말도 마라. 마누라가 갑자기 덤벼들어서 날 이 꼴로 만들어 놓았단다."

수위 아저씨가 선글라스를 벗자 한쪽 눈에 퍼렇게 멍이 들어 있었다.

"뭐, 약육강식! 자기가 호랑이면 나는 뭐 고양이라나?"

아저씨는 혀를 끌끌 차더니 다시 자장면을 먹기 시작했다. 그때 '딩동' 하고 반가운 소리가 들렸다. 민이는 얼른 사자성어폰을 열어 문자를 확인했다.

"동분서주東奔西走면 이리저리 바쁘게 다닌다는 뜻이잖아?"

그러자 죽은 듯이 누워 있던 보트가 벌떡 일어났다.

"아이고, 깜짝이야!"

아저씨가 자장면을 먹다가 젓가락을 떨어뜨렸다.

"오늘 애들이 나를 여러 번 놀라게 만드네."

보트는 '왈왈' 짖더니 꼬리를 흔들면서 팔짝팔짝 뛰어올랐다.

"보트, 다시 살아났구나. 반가워. 빨리 진영이한테 가 보자, 얼른!"

그 말에 보트는 똥마려운 강아지 마냥 수위실 문을 박박 긁어대기 시작했다.

"아저씨, 수고하세요!"

"그래, 빨리 저놈 데리고 집으로 가라."

민이는 보트를 데리고 학교 뒤에 있는 공원으로 갔다. 오늘 일어난 한바탕 소동 때문인지 거리는 쥐 죽은 듯이 조용했다. 사람들이 모두 문을 꼭꼭 걸어 잠근 채 집 안에만 있는 모양이었다.

공원으로 들어서자 어느새 노을이 지고 있었다. 드넓은 공원을 한 바퀴 다 돌 때까지도 진영이와 절대막강파의 모습은 보이지 않았다.

"보트, 어서 따라와! 진영이가 지금 위험하다니까!"

보트는 공원 여기저기를 누비고 다니며 날뛰고 있었다. 진짜 강아지라면 목에 줄이라도 매고 싶을 정도로 말이다.

"내가 소원을 잘못 보냈나 봐. 보트, 다른 강아지처럼 냄새라도 맡아 보란 말이야!"

그제야 민이 말을 알아들었는지 보트가 킁킁거리기 시작했다. 민이는 보트를 따라 공원 뒤편으로 갔다. 공원 뒤에는 작은 하천이 흐르고 있었다. 하천을 따라 걸어가자 저 멀리 의자에 앉아 있는 진영이의 모습이 보였다. 그 옆에서 태수 형과 절대막강파들이 장난을 치고 있었다.

민이는 재빨리 나무 뒤에 숨었다.

"이제 어쩌지?"

민이가 사자성어폰을 손에 쥐고 망설이는 사이, 보트가 진영이 쪽을 향해 쏜살같이 달려 나갔다.

"보트!"

진영이가 보트를 꼭 끌어안았다.

"저놈이 어떻게 빠져나왔지?"

태수 형이 보트를 발견하고는 깜짝 놀랐다. 절대막강파들이 벌떡 일어나 주위를 살피자 민이는 재빨리 나무 뒤로 다시 몸을 숨겼다. 크게 심호흡을 한 번 하고 사자성어폰 안테나를 뽑았다.

 진영이를 구해 주세요.

문자를 보내고 답장을 기다리는 시간이 유난히 길게 느껴졌다.

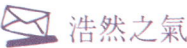 浩然之氣

문자가 왔다. 넓을 호浩, 그러할 연然, 갈 지之, 기운 기氣 호연지기. 민이가 너무나도 잘 아는 사자성어였다. 아빠가 붓글씨로 크게 써서 걸어 놓은 액자가 아직도 집에 있었기 때문이다. 세상을 정의롭게 하는 힘과 용기. 멋진 남자로 세상을 살아가는 마음가짐에 대해 말할 때면 아빠는 언제나 '호연지기'를 예로 들었다.

"민아, 맹자가 뭐라고 했는지 아니? 호연지기, 이 기운은 크고 강하기 때문에 바르게 길러야 한다고 했다. 이 기운은

올바름을 쌓고 쌓아서 생기는 것인데 하루아침에 이루어지는 게 아니란다. 천하를 채우고도 남을 기운, 정말 멋진 뜻이지?"

아빠가 제일 좋아했던 네 글자를 보자 갑자기 가슴이 뭉클해졌다. 그러자 문득 나무 뒤에 숨어서 문자나 보내고 있는 자신이 비겁하게 느껴졌다.

'그래, 까짓 거. 정정당당히 맞서 싸우자.'

그러자 어디선가 용기가 불끈 솟아오르는 느낌이 들었다. 민이는 나무 뒤에서 나와 진영이가 앉아 있는 의자를 향해 걸어갔다.

"민아!"

진영이가 민이를 보더니 눈물까지 글썽였다.

"초미니, 네가 저 로봇 강아지를 데리고 왔냐?"

태수 형이 물었다. 민이는 대답 대신 사자성어폰을 꺼내 흔들어 보였다.

"뭐야? 너 충전했어?"

"두문불출杜門不出에 맞설 수 있는 사자성어는 동분서

주東奔西走였어."

그 말에 진영이가 고개를 끄덕이며 말했다.

"동분서주? 사방으로 돌아다닌다고? 그래서 보트가 똥마려운 강아지처럼 돌아다니는 거구나!"

보트는 진영이 옆에서 꼬리를 흔들고 폴짝폴짝 뛰어오르며 오두방정을 떨고 있었다.

"사자성어폰을 어디서 충전한 거야?"

태수 형이 물었다. 그러자 옆에 있던 깐죽이 형이 고개를 갸웃거리며 물었다.

"사자성어폰? 그게 뭐냐?"

"여태 그것도 몰랐어요? 만두 가게가 잘 되는 것도, 강태수 오빠가 전교 회장이 된 것도 다 사자성어폰 때문이었는데. 아하, 이제야 알겠다. 혼자만 소원을 이루려고 친구들한테도 말 안 한 거죠?"

진영이의 말에 태수 형의 얼굴이 벌겋게 달아올랐다.

"강태수, 저 꼬맹이 말이 사실이야?"

깐죽이 형이 태수 형에게 물었다.

사자성어폰의 비밀

"맞아, 사자성어폰으로 소원을 보내면 사자성어가 오고 소원을 들어줘."

태수 형이 마지못해 대답했다.

"그럼, 지난번에 용이랑 봉황새가 나타난 것도 초미니, 저 녀석이 꾸민 짓이란 말이야?"

태수 형이 고개를 끄덕이자 깐죽이 형이 소리쳤다.

"야! 그런 걸 너 혼자만 알고 있었단 말이야?"

"깐죽아, 내가 너한테는 말하려고 했어. 내 소원이 이루어지면 다음에는 너희들 소원을 다 들어주려고 했지. 그런데 배터리가 없어서 아껴 쓰는 바람에 그만……."

"강태수, 진짜 치사하다."

"어쩐지 네가 전교 회장이 되는 건 정말 이해가 안 된다 싶었어."

절대막강파들이 동시에 태수 형을 째려보기 시작했다.

"야, 지금 우리가 이럴 때가 아니잖아. 중요한 사실은 초미니가 사자성어폰을 충전해 왔다는 거야. 저걸 뺏으면 내가 너희들 소원 다 보내 줄 수 있어."

"너, 그 말 진짜야?"

깐죽이 형이 태수 형에게 물었다.

"속고만 살았냐? 저 사자성어폰만 있으면 원하는 건 모두 할 수 있다니까!"

태수 형의 말에 절대막강파들의 눈길이 일제히 민이에게로 쏠렸다. 아니, 정확하게 말하자면 민이가 들고 있는 사자성어폰으로!

"사자성어폰을 뺏어도 소용없을걸! 내가 벌써 문자를 보냈거든."

민이는 자신만만하게 말했다.

"뭐야? 그럼, 또 용이랑 그 이상한 새가 나타나는 거야?"

민이가 문자를 보냈다는 말에 깐죽이 형이 깜짝 놀란 모양이었다.

"그럴지도 모르지."

용이란 말에 절대막강파들이 순간, 주춤거렸다.

"어떤 사자성어가 왔는데?"

태수 형이 물었다.

"호연지기."

민이는 한 글자씩 천천히, 또박또박 힘을 주어 말했다.

"호, 연, 지, 기? 그게 무슨 뜻인데?"

"세상을 정의롭게 하는 사자성어야. 더 이상 형이 하는 짓을 두고 볼 수가 없어서 내가 문자를 보냈어. 그랬더니 이렇게 멋진 사자성어가 오던데?"

그러자 형이 쭉 째진 눈으로 민이를 노려보았다. 민이도 형의 눈을 피하지 않았다. 더 이상 비겁하게 피하고 싶지는 않았다.

"웃기고 있네!"

형의 주먹이 민이의 얼굴을 향해 날아왔다. 민이는 잽싸게 허리를 숙이고 주먹을 피했다. 그러자 형이 다시 공격을 해 왔다. 요리조리 몸을 피하다가 이때다 싶은 순간에 붕 날아서 태수 형의 얼굴을 향해 냅다 발차기를 날렸다.

"으악!"

태수 형이 비명을 지르며 쓰러졌다.

"태, 태수야, 너 코피 나!"

깐죽이 형이 소리쳤다. 태수 형은 얼굴을 정통으로 맞았

는지 코를 감싼 채 뒹굴고 있었다. 민이가 날마다 상상했던 것과 똑같은 일이 벌어진 것이다. 민이는 쓰러져 있는 태수 형을 내려다보며 말했다. 바로 민이가 그토록 하고 싶어서 곱씹었던 말.

"앞으로 최민이라고 불러. 내 이름은 최민이란 말이야!"

그러자 태수 형이 소리쳤다.

"야, 뭐해? 사자성어폰부터 빨리 뺏어!"

순식간에 공원 한복판에서 싸움이 벌어졌다. 절대막강파들이 민이와 진영이에게 다가가자 보트가 으르렁거리며 달려들었다. 보트는 그야말로 동분서주 뛰어다니며 형들을 물고 늘어졌다. 그 바람에 절대막강파들은 혼쭐이 나는 것 같았다.

"보트, 파이팅!"

진영이가 신이 나서 외쳤다.

"민아, 어서 줄 좀 구해 와. 저 오빠들 꼼짝 못 하게 묶어 놓게!"

"알았어!"

그런데 바로 그때, 누군가 민이 다리를 붙잡았다. 놀라서 돌아보니 태수 형이었다.

"어딜 가려고? 사자성어폰부터 내놔!"

"이제 그만 포기하라니까! 사자성어폰은 사람의 마음도 조종할 수 있대. 형이 보낸 문자 때문에 사람들이 서로 미워하고 싸우고 있는데 형은 아무렇지도 않아?"

"난 그런 건 신경 안 써. 사자성어폰만 있으면 공부할 필요도 없고, 죽을 때까지 부자로 살 수 있잖아. 평생 내 맘대로 살 수 있는데 나더러 그걸 포기하라고?"

태수 형은 이미 사자성어폰에 눈이 멀어 버린 듯했다. 민이는 형의 억센 손을 뿌리치고 또다시 달리기 시작했다. 이제는 지쳐서 아무 생각도 나지 않았다. 민이는 한 손으로는 사자성어폰을 들고 다른 손으로는 문자를 눌렀다. 뛰면서 문자를 보내려니 자꾸만 글자가 틀렸다.

모든 것을……

잠깐 멈춰 서서 문자를 찍다가 하마터면 태수 형한테 잡힐 뻔했다. 민이는 미처 문자를 다 찍지도 못하고 다시 뛰

어야만 했다. 자꾸만 다리가 풀리고 숨이 턱까지 차올랐다. 하천이 끝나는 곳에는 더 이상 길도 없었다. 민이가 '원상태로 돌려 주세요.'를 마저 찍고 확인 버튼을 누르는 순간 태수 형에게 뒷덜미를 잡히고 말았다.

"야! 초미니, 뭐라고 문자 보냈어?"

태수 형이 고함을 질렀다. 민이는 숨을 헐떡이며 천천히 돌아섰다. 그 순간, '딩동' 하고 답장이 오는 소리가 들렸다. 형과 민이 사이에 팽팽한 긴장감이 흘렀다.

"뭐라고 왔어?"

"사, 필, 귀, 정!"

민이가 가쁜 숨을 몰아쉬며 대답했다.

"그게 무슨 뜻인데?"

"모든 게 다시 제자리로 돌아간다는 뜻이야."

"뭐라고? 안 돼!"

태수 형이 고함을 지르며 민이에게 달려들었다. 강제로 빼앗으려고 하는 순간, 사자성어폰이 민이의 손에서 미끄러지더니 그만 하천으로 퐁당 빠져 버렸다. 민이가 얼떨떨

한 표정으로 서 있는데 태수 형이 울타리를 훌쩍 뛰어넘어 하천으로 들어가는 것이 아닌가!

"어디 있지, 어디 있는 거야?"

태수 형은 무릎까지 올라오는 물속을 첨벙첨벙 헤집고 다니며 정신 나간 사람처럼 중얼거렸다. 언제 왔는지 진영이가 어깨를 툭 쳤다.

"밧줄 좀 구해 오랬더니 여기서 뭐 하고 있는 거야?"

진영이 옆에서 보트가 '왈왈' 짖었다.

"절대막강파는 어떻게 됐어?"

"보트가 다 해치웠지. 지금쯤 걸음아 날 살려라 도망치고 있을걸."

진영이가 어깨를 으쓱이며 말했다.

"태수 오빠는 어디 있어?"

민이는 말없이 하천 쪽을 가리켰다.

"어머, 태수 오빠는 저기에 왜 들어갔어?"

진영이가 깜짝 놀라며 물었다.

"사자성어폰이 저기 빠졌거든."

"뭐라고?"

갑자기 어디선가 거센 바람이 몰려오며 땅이 흔들리기 시작했다. 민이와 진영이는 소스라치게 놀라며 하늘을 쳐다보았다. 한 마리의 거대한 용이 석양 사이로 모습을 드러낸 것이다. 용비봉무 문자를 받았을 때 보았던 바로 그 용이었다.

어마어마하게 커다란 용이 나타나자 진영이 입이 딱 벌어졌다. 용은 민이를 향해 쏜살같이 내려오더니 부리부리한 눈망울을 굴리며 알은 체를 했다.

"반갑다!"

민이는 용의 머리 위에 봉긋 솟아오른 뿔을 살며시 잡아 흔들며 말했다.

"민, 민이 네 말이 다 진짜였구나!"

진영이는 넋 나간 얼굴로 말까지 더듬었다. 용은 민이에게 인사를 하고는 하천 물속으로 굽이치며 내려갔다. 그리고는 태수 형을 향해 입속에 있던 물을 토하기 시작했다. 콸콸콸, 물이 거침없이 쏟아져 나왔다. 순식간에 하천 물이 불어나더니 태수 형이 거센 물결에 떠내려가기 시작했다.
"안 돼, 태수 형을 죽이지 마!"
민이는 용을 향해 소리쳤다. 하지만 이미 불어난 물살에 태수 형의 모습이 보이지 않았다. 민이는 망설일 겨를도 없이 물속으로 풍덩 뛰어들었다.
"최민, 너 미쳤어?"
진영이가 소리쳤다. 물은 차갑고 생각보다 깊었다. 물살

이 워낙 빨라서 헤엄조차 칠 수가 없었다. 입 안으로 물이 꾸역꾸역 들어왔다. 진영이가 민이를 애타게 부르는 소리가 들렸지만 그 소리마저도 점점 작아졌다. 정신이 가물가물해지려는 순간, 무언가 빠른 속도로 내려오더니 민이를 붕 들어올렸다.

"민아, 괜찮아?"

정신을 차리고 보니 진영이의 얼굴이 보였다.

"어, 어떻게 된 거야?"

"야, 십년감수했잖아! 하늘에서 갑자기 커다란 새가 나타나더니 너를 부리로 물어서 물속에서 건져 냈어."

진영이의 설명을 듣고 보니 전에 본 봉황새인 것 같았다.

"태수 형은?"

"태수 오빠도 그 새가 구해 줬어. 여기다 내려놓고는 용이랑 저 하늘로 날아갔어. 그리고 순식간에 사라져 버리지 뭐야? 절대막강파들도 도망가다 말고 넋을 잃고 보더라니까. 정말 이게 꿈은 아니겠지?"

진영이는 아직도 흥분이 가시지 않는 모양이었다. 민이

가 일어나자 보트가 꼬리를 흔들며 반가워했다. 태수 형은 민이 옆에 기절한 개구리처럼 쭉 뻗어 있었다.

"형, 괜찮아?"

민이는 형을 내려다보며 물었다. 그러자 태수 형이 힘없이 대답했다.

"초…… 미…… 니…… 아니, 민아. 고맙다."

형이 처음으로 별명 대신 민이 이름을 불렀다. 민이는 머쓱해져서 하늘을 올려다보았다. 어느새 하늘에 어둠이 깔리고 있었다. 분명히 사필귀정이라고 문자가 왔는데 왜 용과 봉황새가 나타났던 걸까? 혹시 영영 사라지기 전에 민이에게 인사를 하러 온 것은 아닐까. 용비봉무가 사라진 하늘에는 아무 일도 없었다는 듯 별들이 초롱초롱 빛나고 있었다.

사자성어 문자를 보냈던
그들은 누구였을까?

그렇게 모든 게 다시 제자리로 돌아왔다. 사필귀정事必歸正 사자성어 덕분에 사람들은 모두 다시 예전의 모습을 되찾았다. 학교와 길거리에서도 쏟아지는 햇살만큼 환한 웃음소리를 들을 수 있었다. 시장 사람들도 예전처럼 싱글벙글 웃으며 손님들을 맞이하기 시작했다.

하지만 한 가지 가슴 아픈 일은 태수 형네 만두 가게에 다시 손님들의 발길이 뚝 끊어졌다는 사실이다. 그런데도 형은 아직 정신을 못 차린 것 같았다.

절대막강파는 자기네들끼리 분열이 일어나 뿔뿔이 흩어

졌지만 태수 형은 여전히 깐죽이 형이랑 놀러 다니느라 바쁜 눈치였다. 단 한 가지, 태수 형이 달라진 게 있다면 사자성어 공부를 아주 열심히 한다는 거다.

"야! 미니, 미니 초미니!"

태수 형네 가게에 만두를 사러 들렀을 때 형이 부르는 소리가 들렸다. 민이가 째려보자 태수 형이 헛기침을 했다.

"참! 최민, 너 문전성시門前成市의 반대말이 뭔지 알아?"

민이는 눈을 깜박이다가 고개를 저었다.

"이야, 한자 박사 최민이 모르는 사자성어도 있었네? 내가 옥편을 찾다보니까 문전작라門前雀羅라는 사자성어가 있더라."

태수 형이 비닐봉지에 고기만두를 담아 주면서 말했다.

"문전작라? 그게 무슨 뜻인데?"

"문 문門, 앞 전前, 참새 작雀, 그물 라羅. 대문 앞에 새를 잡는 그물을 친다는 뜻으로 손님이 뚝 끊겼다는 말이다. 인마, 공부 좀 해라."

태수 형이 으스대며 말했다. 민이는 돈을 건네주면서 피식 웃었다. 형과 인사를 하고 만두 가게에서 나오다가 진영이와 마주쳤다.

"이진영, 어디 가는 길이야?"

"치과에 가. 아파 죽겠어."

진영이가 뺨을 문지르며 말했다. 진영이는 다시 충치가 많아져 치과를 다니는 중이라고 했다.

"그러니까 이제 초콜릿이랑 사탕 좀 그만 먹어!"

"요새는 단것도 안 먹고 양치질도 하루에 세 번씩 한단 말이야. 정말 단순호치丹脣皓齒 사자성어가 그리워 죽겠어. 그때처럼 다시 하얀 이로 돌아갈 수만 있다면 얼마나 좋을까?"

진영이가 한숨을 푹 쉬며 말했다.

"보트한테 가 볼까?"

그 말에 진영이의 눈빛이 반짝 빛났다.

"정말?"

민이와 진영이는 할아버지 연구실로 부리나케 달려갔다. 할아버지는 얼마 전, 아프리카에서 실종된 친구가 살아서 돌아왔다는 신문 기사를 읽고 뛸 듯이 기뻐했다. 그래서인지 한결 밝아진 표정으로 우리를 맞아주었다. 보트가 만두 냄새를 맡더니 킁킁거리며 다가왔다.

"보트, 너는 만두 못 먹잖아!"

진영이가 웃으면서 보트를 쓰다듬었다.

"할아버지, 만두 좀 드셔 보세요. 태수 형네 만두 가게에서 사 왔어요."

"고맙구나."

민이가 만두 봉지를 내밀자 할아버지가 웃으면서 받았다.

"죄송해요, 할아버지."

"뭐가?"

"하천에 다시 가서 사자성어폰을 찾아보았는데 없더라고요."

"쯧쯧. 물속에 휩쓸려 간 걸 무슨 수로 찾겠냐? 민이 너도 그만 잊어버려라."

"그래도 그건 할아버지 거였잖아요. 앞으로 연구도 계속하셔야 하는데……."

"그래, 사자성어를 보내는 이들의 정체를 밝혀내지 못한 게 아쉽긴 하구나."

할아버지 얼굴에 안타까운 표정이 스치고 지나갔다.

"저도 아쉬워 죽겠어요."

옆에서 보트와 놀고 있던 진영이가 불쑥 끼어들었다.

"진영이 넌, 뭐가 그렇게 아쉬운 게냐?"

할아버지가 웃으며 물었다.

"키가 커지는 소원을 보내지 못해서요. 제가 옥편을 찾아보았는데 키에 관한 사자성어가 진짜 있더라고요."

"오호? 그래, 어떤 사자성어가 있었는데?"

"장신수구長身手具요."

"장신수구?"

"네. 키가 크고 마른 몸이라는 뜻이에요. 민이랑 저, 그 소원만 보냈어도 농구 선수처럼 키가 쑥쑥 자랐을 텐데. 정말 아까워 죽겠어요. 하지만 언젠가 그렇게 크겠죠. 요즘 장신수구를 써서 벽에 붙여 놓고 줄넘기도 하고 이젠 고기도 조금씩 먹기 시작했어요. 뭐든 골고루 먹으면 키가 좀 클까 해서요."

진영이의 말에 민이와 할아버지가 웃음을 터뜨렸다. 진영이가 짧고 오동통한 다리로 폴짝폴짝 줄넘기를 하는 모습을 상상하자 절로 웃음이 나왔다.

"민이는 보내지 못해서 아쉬운 소원이 없었니?"

이번엔 할아버지가 민이에게 물었다.

"저는……."

민이가 한참을 머뭇거리자 진영이가 옆에서 소리를 빽 질렀다.

"아이, 답답해, 최민! 도대체 무슨 소원인데 그래?"

"아빠를 다시 돌려 달라는 소원이요."

내 말에 할아버지가 깜짝 놀라며 물었다.

"아빠를?"

"민이 아빠, 돌아가셨거든요."

진영이가 옆에서 대신 말해 주었다.

"그랬구나."

"단 한 번만이라도 아빠를 볼 수 있으면 좋겠어요. 옛날로 돌아가서 아빠한테 천자문도 배우고 축구도 하면서 신나게 놀 수만 있으면 소원이 없겠는데…….."

그런데 바로 그때, 보트의 두 눈에 반짝 불이 켜졌다.

"그들도 죽은 사람을 살리지 못해."

"지금 누가 말을 한 거야?"

진영이가 고개를 갸우뚱하며 물었다.

"지금 보트가 말을 하고 있는 거야?"

그러자 보트가 고개를 까닥거렸다. 모두의 눈이 휘둥그레졌다.

"할아버지, 보트가 말을 할 수 있어요?"

"아니, 보트가 말하는 건 나도 처음 보는구나."

할아버지도 꽤나 당황한 표정이었다.

"그럼, 할아버지가 보트를 만든 게 아니었어요?"

진영이가 할아버지한테 물었다.

"내가 사자성어 문자를 처음 받은 날, 보트가 문 밖에서 짖고 있었어. 그날 이후 나를 그림자처럼 따라다니며 조수 노릇을 톡톡히 했지."

민이는 보트에게 다가가 몸을 숙이고 물었다.

"보트야, 그들이라니? 그게 무슨 말이야?"

그러자 보트가 입을 열었다.

"나도 그들이 보냈어."

"그럼, 그들이 사자성어 문자도 보낸 거야?"

진영이의 물음에 보트가 다시 한 번 고개를 끄덕였다.

"이럴 수가!"

할아버지가 벌떡 일어섰다.

"왜 하필 사자성어였지?"

민이가 다급하게 물었다.

"그들에게 사자성어가 지구의 언어를 공부하기 위한 게임일 뿐이야. 그들은 지금도 계속 지구를 향해 메시지를 보내고 있어."

보트가 입을 열 때마다 모두 놀라운 이야기뿐이었다.

"보트, 왜 지금까지 그걸 비밀로 한 거냐?"

할아버지가 보트에게 물어보았다. 그 순간 보트의 눈에 빨간 불이 켜졌다.

"보트, 왜 그래? 도대체 그들이 누구야?"

민이의 질문이 끝나기가 무섭게 보트의 몸에서 '삐' 하는 경고음이 들렸다.

"어서 피해!"

할아버지가 외쳤다. 할아버지와 민이, 그리고 진영이가 몸을 피하자마자 보트의 몸에서 '게임 오버'란 소리가 들렸다. 그와 동시에 '쾅' 소리가 들렸다.

"보트!"

진영이가 소리쳤다. 정신을 차려 보니 보트의 몸이 산산 조각 나 있었다. 진영이가 울면서 보트를 향해 뛰어갔다.

"역시 그랬구나. 보트는 지구에서 만들어진 게 아냐."

할아버지가 사방에 흩어진 보트의 부속품을 들여다보며 중얼거렸다.

"네?"

민이는 도무지 정신을 차릴 수가 없었다. 진영이는 보트를 부르며 훌쩍훌쩍 울기 시작했다.

"할아버지, 보트의 말이 정말일까요?"

사자성어폰의 비밀

"그 비밀을 밝혀내는 게 민이 네 몫인 것 같구나."

할아버지의 말에 민이는 보트의 몸에서 떨어져 나온 조각 하나를 주워 들었다. 보트는 정말 우주에서 온 걸까? 사자성어 문자를 보냈던 그들은 과연 누구였을까? 그들은 지금 이 순간에도 또 다른 휴대 전화로 메시지를 보내고 있는 건 아닐까.